四川省社会科学重点研究基地重大项目"少年儿童权威认知的发展及其对利他行为的影响"（课题编号：SC19EZD037）资助

少年儿童权威认知的发展及其对利他行为的影响

廖全明　李小林　◎　著

西南交通大学出版社

·成　都·

图书在版编目（ＣＩＰ）数据

少年儿童权威认知的发展及其对利他行为的影响 / 廖全明，李小林著. — 成都：西南交通大学出版社，2023.2

ISBN 978-7-5643-9105-8

Ⅰ. ①少… Ⅱ. ①廖… ②李… Ⅲ. ①少年儿童 – 社会认知 – 研究 Ⅳ. ①C912.6-0

中国版本图书馆 CIP 数据核字（2022）第 251133 号

Shaonian Ertong Quanwei Renzhi de Fazhan ji qi dui Lita Xingwei de Yingxiang

少年儿童权威认知的发展及其对利他行为的影响

廖全明　李小林 / **著**

责任编辑 / 罗爱林

封面设计 / 原创动力

西南交通大学出版社出版发行

（四川省成都市金牛区二环路北一段 111 号西南交通大学创新大厦 21 楼　610031）

发行部电话：028-87600564　028-87600533

网址：http://www.xnjdcbs.com

印刷：成都蜀雅印务有限公司

成品尺寸　170 mm×230 mm

印张　14　字数　205 千

版次　2023 年 2 月第 1 版　印次　2023 年 2 月第 1 次

书号　ISBN 978-7-5643-9105-8

定价　68.00 元

权威指的是个人或群体对他人或群体的影响，这种影响既可以是一种权力，也可以是行使这种权力的个人、社会机构等（吴稼祥，2007）。通过权威认知教育实现社会治理目标控制具有重要意义，因此权威开始受到社会的广泛关注和重视。权威认知一般是指对权威社会关系和权威社会特征的认知，其中儿童对权威关系的认知是对社会规范的一种认知，是儿童社会化发展的重要方面（时蓉华，1989）。根据有关研究中对社会职责、地位、知识或成人身份的界定（劳帕，1991；李莹丽，吴思娜，2002），本研究将权威界定为父母、教师或社会上的陌生成人；将少年儿童界定为6~15岁的人群。

最先开始进行儿童权威认知研究的心理学家皮亚杰，于20世纪30年代开展了系统的儿童道德发展研究。美国心理学家达蒙的研究继承了皮亚杰的研究思路，并发扬了皮亚杰的研究方法，把儿童权威认知的认知研究推向一个新的发展阶段。他改进了儿童权威认知的研究方法即两难故事法，对4~11岁儿童的权威关系和权威特征进行了深入研究，结果发现儿童的权威认知发展呈现了阶段性的特征，于是提出了3个水平6个阶段的儿童权威认知发展阶段理论（达蒙，1977）。Tisak（1986）通过多维两难故事法研究了儿童父母权威概念的发展，研究发现随着年龄的增长，儿童更容易认识到权威的局限性，更多地从行为内容对权威对错做出评价。张卫等（1996）通过两难故事法，探讨了 5~13 共 4 个年龄段的少年儿童对权威认知的发展特点，结果发现随着年龄增长儿童从不能分辨公平与权威逐渐发展为追求公平观念的服从，当然其服从也要考虑其他更为复杂的因素。安秋玲等（2003）采用两难故事法研究了少年儿童（7~17 岁）在与父母、教师及社会上的成人权威发生冲突时的权威认知水平，结果发现儿童在决定对有关权威是否服从时是依据自己对权威的一种认知观念而行动的，这种认知观念可能包含公平观念，不同年龄儿童对权威的认知水平不同且存在显著的年龄差异和对象差异。随着年龄的增长，少年儿童对服从逐渐带有更多理性的成分和判断，儿童在对权威的外部规则和命令方面表现出由服从到不服从的变化趋势。

对少年儿童权威认知的影响因素研究主要包括权威特征认知、权威命令的类型以及问题发生的领域等几个方面。在认知权威特征的时候，瑞士心理学家皮亚杰（1984）认为，低年龄阶段儿童的权威倾向更多的是成人的体积、年龄、力量等这些身体特征方面。劳帕（1994）探讨了 7~13 岁儿童对权威的认知，结果发现少年儿童在判断成人指令的合理性以及做出是否服从决定时较少考虑成人的身份特征，更看重的是社会地位和专业特征、知识水平；在权威的命令类型方面，达蒙（1977）研究发现成人的权威对少年儿童来说不是无限的而是有限的，儿童可能会听取打扫卫生或者不准交友这样的命令，而不愿意听取不准偷盗斗殴之类的命令。劳帕（1994）研究证实了大部分学龄期儿童在面对成人明显不合理的要求时，均表现出不服从权威的命令；在权威问题发生的领域方面，王婷等（2006）探讨了友谊领域、个人领域、习俗领域的冲突情境中，少年儿童对父母权威的服从倾向，结果发现初中生更愿意服从父母在社会习俗领域的要求，高中生依然非常认同父母对子女在道德领域的规定，但在学业问题上并不十分认同父母权威；在儿童的性别以及人格因素方面，徐琴美等（2003）研究发现少年儿童的情绪消极程度不同，其对权威的认知也会有区别，高压抑水平的少年儿童对教师权威行为的认知主要是不服从，而低焦虑儿童的服从程度明显更好。并且儿童焦虑水平不同只影响男生对教师权威行为的认知，对女生则无影响。这些影响因素并不是孤立地对少年儿童权威认知产生影响，各种因素常常会相互共同作用于儿童的权威认知表现和发展。

现在没有专门研究儿童权威认知与利他行为关系的文献，但许多研究者仍然发现少年儿童道德推理水平和利他行为存在某种程度的关系，Krebs 和 Van Hesteren（1994）认为道德认知发展的高级阶段比低级认知阶段更容易引起利他行为反应，原因是高级的道德认知水平能引起更强烈的社会敏感性和强烈的社会责任感。Pratt 等（2004）研究发现道德认知水平和利他行为的相关关系可能会随着年龄的增长而变得越来越多，因为道德认知发展水平随着年龄的增长可能会变得更成熟，并且被内化为个人人格的组成部分。Eisenberg（1984）采用观察法研究发现利他行为的道德推理常常与学前儿童自发的分享行为正相关。赵璇（2012）通过两难故事法研究发现无论是阈上道德启动和阈下道德启动都对利他行为表现有明显影响，会增加被试的利他行为表现，正向道德启动能引发利他行为意向上更高的分享、合作、捐助等利他行为水平。杨萍（2001）研究了不同权威类型对于儿童利他行为的影响，发现不同的权威命令类型对儿童进行正确判断和利他行为有着重要的影响，权威认知水平较高不仅意味着儿童更高的社会认知能力，社会认知能力和道德发展水平的高低都对儿童的利他行为有重要影响。

总体上看，现有相关研究存在以下不足：首先，以往对权威认知的研究大多集中在幼儿期和童年期，很少关注从童年期到少年期儿童群体发展的全过程，这不利于对少年儿童权威认知现象的整体认识及发展规律总结。相比幼儿期，儿童少年期是人一生中自我意识迅速发展的关键时期，在各方面迅速变化的同时，对父母、教师以及社会权威的认知也会发生改变。如何看待父母、教师以及社会权威及其差异，关系着少年儿童自主性的发展，以及亲子关系、师生关系、长幼关系甚至同伴关系的质量。因此，本研究将探索少年儿童教师权威、父母权威以及社会权威认知的发展特点，并比较其差异。其次，对于权威认知的研究方法存在单一性和局限性。以往研究权威认知的方法除了情景观察法和现场访谈调查法，基本上都是运用两难故事法来描述儿童的权威认知水平的，并没有对儿童的其他权威认知包括内隐权威认知水平进行探讨，而且两难故事法的故事情境的应用都大同小异，没有考虑文化以及领域的差异性，采用生搬硬套的方式，影响了研究的有效性。为了更充分、更客观地了解少年儿童权威认知发展特点并便于相互比较，本研究既采用传统的两难故事法，也采用问卷法包括教师权威问卷、父母权威问卷、社会权威问卷了解少年儿童对父母、教师、社会权威认知发展的特点，并总结少年儿童权威认知发展规律，以丰富国内针对少年儿童权威认知的研究资料。最后，对少年儿童权威认知如何影响其利他行为研究方面存在不足。少年儿童的利他行为和社会认知、道德推理息息相关，那么儿童的父母、教师、社会权威认知作为社会认知中社会关系认知的一部分，同时也是儿童道德阶段性发展的重要标志，必然会在一定程度上影响儿童的利他行为，这恰是本书的研究目的。

　　本书是四川省社会科学规划重点研究基地重大项目"少年儿童权威认知的发展及其对利他行为的影响"（课题编号：SC19EZD037）总结性成果。（1）课题组通过文献分析与问卷研究，熟悉本课题的研究现状，并在广泛收集文献的基础上按照严格的测量学程序编制本研究的调查问卷。（2）通过情景故事法、抽样调查与统计分析法，采用自编两难故事调查问卷。已编父母、教师权威问卷，自编权威认知问卷对来自城市和农村完整家庭约少年儿童进行抽样调查，并借助 SPSS、 Epidata3.0 等高级统计软件对调查结果进行科学的数据分析。（3）通过现场访谈和质性研究，对前期问卷调查的被试进行半结构化访谈，编写教师、父母或社会权威认知问卷，深入了解少年儿童权威认知发展特点及其与利他行为的关系，并与访谈调查、个案调查结果相互印证。（4）通过专家研讨与理论研究，对研究内容、调查问卷与访谈提纲进行讨论改进，对收集上来的数据进行现象分析，对少年儿童权威认知及其对利他行为的影响、教育建议等方面进行理论思考和探讨。

课题研究范围主要包括：（1）少年儿童权威认知发展现状与规律。通过两难故事法、问卷调查法等探讨不同年龄、性别、家庭社会经济地位的少年儿童的父母、教师、社会权威认知发展的特点及规律，了解权威特征、权威命令、冲突领域、性格特征等因素对少年儿童父母、教师、社会权威认知的影响及其差异，了解不同因素在影响少年儿童权威认知的过程中是否存在交互作用，总结不同阶段少年儿童权威认知发展存在的不足。（2）少年儿童权威认知发展对其利他行为的影响。通过两难故事法、问卷调查法、干预实验法探讨少年儿童权威认知的特点、类型、水平对其利他行为是否产生影响及其影响的差异，了解权威认知与性别、年龄、家庭经济地位等因素在影响少年儿童利他行为的过程中是否存在交互作用，了解什么样的权威认知特点最有利于促进孩子的利他行为。（3）对促进少年儿童利他行为的教育建议。根据少年儿童权威认知的发展及其对利他行为影响研究提出针对学校、家庭的教育建议以及儿童的自我发展建议。

本课题的研究重点包括少年儿童权威认知发展现状与规律。通过两难故事法、问卷调查法等探讨不同年龄、性别、家庭社会经济地位的少年儿童的父母、教师、社会权威认知发展的特点及规律，了解权威特征、权威命令、冲突领域、性格特征等因素对少年儿童父母、教师、社会权威认知的影响及其差异，对提高对儿童权威认知研究重要性的认识，认识其权威认知的心理特点，积累少年儿童认知发展研究资料，重新认识儿童道德认知发展阶段理论具有重要理论意义；探讨少年儿童权威认知发展对其利他行为的影响。通过两难故事法、问卷调查法探讨少年儿童权威认知的特点、类型、水平对其利他行为是否会产生影响以及其影响的差异，了解权威认知与性别、年龄、家庭经济地位等因素在影响少年儿童利他行为的过程中是否存在交互作用，了解什么样的权威认知特点最有利于促进孩子的利他行为。

这些研究结果对德育课程内容、教育方式改革，提高学生综合素质提供重要依据，需要突破两大难点：（1）对少年儿童权威认知发展特点的问卷调查。本研究将采用两种问卷调查来了解少年儿童权威认知心理特点，其中情景故事法存在文化影响和文化差异问题，问卷调查也存在研究的成熟度和可信度问题，这些都给儿童权威认知心理研究带来困难。（2）理论总结不同年龄少年儿童权威认知发展规律。本研究主要研究 6~15 岁年龄阶段的少年儿童，面临着年龄跨度大、问卷与情景故事适从性与针对性问题。同时如何根据中国文化特点和工作思想道德教育的实际总结少年儿童权威认知心理发展规律，没有可资借鉴的经验，与西方道德认知理论相比，有不同的特点和内容。

本书希望通过研究少年儿童权威认知的发展及其对利他行为影响的理论和实证研究，帮助研究者了解不同年级、性别、家庭社会经济状况的少年儿童权威认知的现状以及发展规律，既可以补充儿童社会认知领域研究内容、完整地认识少年儿童权威认知发展状况，又能够帮助教育者有针对性地培养少年儿童的自我意识，提高少年儿童自我认知和社会认知水平；研究不同类型的权威认知对少年儿童利他行为的影响，有助于丰富国内外关于权威认知、社会认知的相关研究，弥补权威认知对利他行为影响的相关研究的不足，为促进少年儿童产生利他行为发展提供理论和实证依据。儿童社会性发展已经成为学者关注和不断研究的重要领域。在少年儿童社会性发展的过程中，社会认知、自我认知、道德认知能力的发展有非常重要的作用。因此，研究少年儿童不同类型的权威认知发展特点，并探讨其对利他行为的影响，能够为更好地关注儿童道德发展、社会性发展提供不同的视角，特别为学校开设思想道德教育国家课程与校本课程，丰富课程内容即班主任教育内容提供更多可资借鉴的依据，提升思想品德教育效果；研究少年儿童权威认知及其对利他行为的影响，充分尊重并发挥其自主性，让少年儿童可以在不违背权威、尊重权威的前提下与父母、教师以及其他社会权威平等沟通，吸收权威的积极影响，减小其消极影响，学会与所有群体和谐共处，对提高孩子的社会活动能力、促进其社会性发展、提高其综合素质具有重要实践意义。

在研究过程中，重庆师范大学硕士研究生朱雪莲参与了本课题教师权威认知部分的研究工作，成都师范学院 2017 级心理学专业本科生杨密、任倩部分参与了本课题父母权威认知、社会权威认知的部分调研工作。全书由廖全明、李小林完成最后的统稿工作。本书在编写过程中参考了大量相关文献，在此谨向原作者表示衷心的感谢！同时，衷心感谢西南交通大学出版社所做的大量工作！

作者

2022 年 8 月

目录
Contents

第一章
少年儿童权威认知研究现状与评估

第一节　少年儿童权威认知的基本概念

人类认知过程有两种类型：一类是人们在解答数学题、维修机器、野外探险的时候对客观现象和自然规律的自然认知；另一类是人们在处理人际关系、社会事件时对人和社会关系的社会认知。对社会认知现象的研究最早开始于人们对儿童道德认知发展的研究。随着儿童道德认知研究的深入，研究手段和研究方法也不断走向科学化，研究领域也逐渐涉及人们社会生活的各个领域，并逐渐形成了一种趋势。把认知研究和社会性发展研究融合起来逐渐成为当代认知心理学研究的一个最重要趋势，并逐渐使社会认知研究达到高潮，其中儿童对权威的认识、对权威的遵从也日益引起了学者们的关注和重视。

一、少年儿童

少年儿童简称少儿，指 6~7 周岁到 17~18 周岁的少年儿童。在林崇德的著作《发展心理学》中将少年儿童分为两个阶段，儿童期和青少年期。儿童期一般是指 6~7 岁至 11~12 岁，相当于学龄初期、小学阶段。儿童期的孩子在皮亚杰的认知发展阶段理论中处于具体运算阶段。该阶段的孩子的守恒已经初步形成，能运用以具体事物和形象为媒介的具体运算思维，思维具有可逆性，能理解游戏规则和基本原则，在实际游戏过程中表现出原则性有余而灵活性不足或者较为刻板的特点。儿童期孩子的心理特点表现为：①迅速性。尤其是思维能力和智力的发展速度最快，好奇心强、求知欲旺盛，对周围的一切事物和现象都表现出兴趣，总想探个究竟，因此常常表现出幼稚行为。②协调性。在道德上，儿童期是人一生中道德品质发展最协调的阶段。在与人相处的时候，表现为能跟所有人和谐相处，不随便打人骂人，情绪愉快稳定，不轻易发怒，对人态度友好，富有同情心。在成人的指导下，愿意做好事，能听从成人的合理安排和嘱咐。③开放性。他们接触的环境单一，内心单纯，直率，往往能真实地表露内心活动。对表扬奖励感到高兴，对批评指责感到羞愧、可耻，希望通过做好事得到成年人的认可和肯定，不愿意被成年人责骂。犯错时能承认错误，表现诚实，不说谎。在面对困难的时候表现出勇敢、坚强的行为特点，不畏惧困难、不胆怯。④可塑性。儿童的道德品质、思维能力等各方面都还未成型，模仿性强，对成年人或权威他人的言行、习惯、为人处世方式常常会兼收并蓄、好坏并收，加上辨别是非善恶的能力弱，容易形成一些不良的性格特征。因此在儿童阶段，孩子容易受到父母、教师以及其他一些重要社会成员的影响，能在他们身上看到模仿学习的一些类似习惯和趋势。

青少年一般是指 10 岁到 15~16 岁的未成年人，主要包括学龄中期、初中阶段学生。青少年期学生的心理特点主要表现为：①过渡性。从幼稚的童年期过渡到成熟的成年期，表现为半幼稚半成熟的状态，是一个向往独立和具有依赖性的矛盾时期。②封闭性。从内心的开放向封闭转变，内心世界开始复杂，不愿意表露自己的内心世界。③社会性。比起儿童期的心理特点，青少年期的心理带有较大的社会性。④动荡性，青少年的思维比较敏感，常常比其他的年龄段有更多改变现实的愿望。儿童期和青少年期是人一生中生理和心理发育最重要的时期，也是家庭、学校和社会对人产生重要影响的时期。

二、权威与权威认知

（一）权威

权威的英语单词是"authority"，来源于拉丁文的"auctoritas"，包括威信、创始者、决定、控制、命令或判决、处理等意思。在汉语字典的解释里，权威实际上是"权"和"威"并列式结构的组合词，包含了令人信服的威望和力量、产生这种威望和力量的人及事物，或者说权威的含义是指在一定的社会关系中表现出来的已经结构化和制度化了的某种权力，以及行使这种权力的人、组织、事物等。简单地说，权威就是指一个群体或个人对另一个群体或个人的影响，或者说一些人或群体在生活和观点上对另一些群体、组织或个人具有服从或依赖关系。权威对社会生活领域具有一定的控制作用或重要影响，一直受到人们的关注和重视。人们从社会学、政治学、管理学、心理学等不同角度对权威进行了大量的探讨和研究，对其概念也有不同的定义。美国社会学家华宝德（1997）认为权威是人类行为最基本的现象之一，包含三层意思：一是权威代表了个体的某种特权，获得某个地位，可以对别人发号施令；二是权威代表着某种正式关系，或者为上级关系，或者为管理与被管理关系；三是权威代表着人与人之间的沟通关系，其中一个人提出意见，另一个人或一批人接受意见并执行。美国社会学家达蒙（1977）认为权威是人与人之间由于不同的社会权利形成的某种社会关系，这种关系表示权力小者对权力大者的遵从；美国学者耶夫·西蒙曾经在其著作《权威的性质和功能》中认为："权威是一种属于个体并且能够通过命令而得到施行的某种作用力，同时这种作用力是通过被另外一个有着自由意志的人视作行动的规则而实施的。"在该理论的基础之上，科耶夫进一步补充说明权威的拥有者是一个人，权威的行动力则是依靠具体的命令得到实施的，强制与说服虽然是一对相对立的概念，但本质上都可以作为权威施行作用的手段，同时它们并不能够被简单化地看作权威本身。科耶夫指出权威的本质并不是某种对理论进行规定和判断的原则，权威是一种行为上的规范。权威实际上就是一种社会关系，当个体被其所处环境的人或气氛所驱使，做了他人指令他做的事情。如果没有这种指令，他就不会做，这就可以表示权威关系存在了。我国著名心理学家朱智贤认为权威是"个人或群体对另一个人或另一个群体所产生的影响"。肖太陶（1998）认为权威实际上是指一个人或事物，这个人或事物在某个方面或某个领域具有较高的地位。刘敏红（2012）认为权威就是个人或群体对他人或群体的影响，家庭中的父母、学校中的教师、社会和有影响力的同伴是少年儿童权威的主要来源。

因此，我们可以将权威定义为既指某个特定个体或群体，也指这个个体或群体对另一个对象或群体的支配或影响，并得到接受和服从。

（二）权威的主要类型

依据不同的划分标准，权威认知在不同形态下有着不同的类型，从历史形态来看，权威分为原始社会的自然权威、自然经济下人的权威、商品经济下的资本权威和生产力高度发达下代替资本经济的制度权威 4 类。韦伯（1925）最早提出"权威"的社会学概念，并根据权威来源的合法性把权威分为传统型、感召型和法理型。彼得斯把权威分为形式权威和实质权威。

1. 历史形态下的权威类型

李松玉（2003）指出自然权威下人与人之间是平等的，这个时候权威者是充满神秘感的大自然。自然经济下生产力水平低下，人类不能认识自然规律的同时还受到自然规律的制约，整个人类都崇拜和服从于大自然的权威对象，人与人之间是相互依赖的关系，没有出现人与人之间关系的权威形式。氏族和部落首领代表了原始成员适应自然权威的共同意志。在奴隶社会和封建社会，由于生产力的发展，社会出现了分裂，出现了阶级的对抗，改变了原始社会人类以整体的形式对自然力权威的崇拜和服从，出现了一部分人对另一部分人的服从。这一阶段出现了人的权威。权威的主要形式是世俗的统治与宗教和伦理意识相结合，如中国的皇帝代表了最高的权威，以及祖宗之法的存在。随着生产力的快速发展，商品经济逐渐取代封建社会的自然经济，从而产生了谁拥有了资本就拥有了权威的资本权威。统治者由权的直接主体变成了权威主体的附庸。当人们充分认识自然规律和生产力高度发展的时候，也就产生了以行为规范服从的制度权威代替资本权威。

2. 韦伯划分的权威类型

韦伯把权威划分为传统型、感召型、法理型 3 种类型。其中传统型权威是指人们出于对古老传统的神性的、非理性的信仰而信任；感召型权威是指人们出于对某些高超的个人素养表现出的崇拜、尊重情感，从而认可而相信对方制定的规范模式，即对某个天才或英雄的臣服；法理型权威则是指因为人们出于法律法规的权威性、有效性和功能而服从法规。韦伯（2004）认为，传统型权威在过去是因为感召型权威的瓦解而获得的，随着时代的发展，传统型权威则被法理型权威取代了。

3. 彼得斯的形式权威和实证权威

彼得斯认为形式的权威和实证的权威是指个人由于其职位而获得某种职业责任，也是属于某种制度层面的权力，但个人行使这种职务权力时可能并不受到权力对象的认可和服从。因为还有一部分人虽没有制度性权力也可以获得他人的衷心认可，从而具备影响力。权威关系是一个复杂的社会关系，并不是某种单一的、纯粹的类型，真实的权威往往是多种类型、具有多种特征的复合体（彼得斯，1966）。

4. 正式权威和非正式权威

我国著名心理学家朱智贤认为权威可以分为正式权威和非正式权威2 种类型，其中正式权威又被称为官方权威，是依据法律法规等手段来赋予个人某种特定权力，因此这样的权威受到该主体在群体关系中所规定的某种角色责任和义务所制约；非正式的权威又被称为民间权威，包括偶像、科学家等，其本身并不具有正式规则赋予的权力，而是由于某种突出特征、突出个性或者特别经历等因素对个人或群体组织造成的持续性影响。少年儿童会服从于来自警察叔叔的正式权威，不能做坏事，捡到钱财要交给警察叔叔；少数民族的人会遵守他们自己民风民俗的非正式权威，如已婚妇女要戴头巾等。

5. 父母权威、教师权威和社会权威

根据权威对象的不同，可将权威分为父母权威、教师权威和社会权威 3 种类型。父母权威指的是父母所拥有的控制儿童行为的权力（王美萍，2006）。父母权威表现为管教、命令和控制孩子以及孩子对父母管教、命令的遵从。在一个家庭中，由于孩子弱小，所以需要父母给予保护、教育和关怀，为孩子身体发育和心理成长创造必要的条件。父母管理和教育孩子，孩子有时会服从父母的教导有时也会反抗，于是自然形成了

以亲子关系为基础的父母权威地位，这种权威带有明显的血缘关系和长期教养关系。父母与子女之间的权威关系具有明显相对简单的特点，相对于其他权威关系来说对少年儿童具有更大的相互作用，因此少年儿童的父母权威关系认知会对儿童的社会认知发展产生更大的影响。

教师权威是学校权威和学校教育最直接、最集中的体现，学校教育活动就是通过教师对学生的影响以及学生对教师的服从、依赖来实现的，因此较多研究者对教师权威进行了研究。苏霍姆林斯基指出"教育领域中最细致、最缺乏研究的主体（entity），就是人对人的权威问题，是年长者对年轻者的权威问题"，可见教师权威问题是教育过程中的重要问题，教师对学生权威性的影响对学校教育效果具有极其重要的影响。美国学者克里夫顿和罗伯特认为教师权威包含 2 个因素，即制度性因素和个人因素，其中制度性因素主要是由社会传统和社会制度赋予教师法定权威，个人因素主要是出于教师的个人知识、专长和人格魅力形成的个人权威（刘云杉，1997）。田国秀（1998）认为教师权威不是单纯的权力问题，更不是单纯的威望问题，而是教师权力和教师威信的"合金"。在具体操作上，要从制度上保证教师拥有合理合法的正式权力，同时也要从机制上督促教师提高自身专业修养和人格魅力，从主客观两方面保证教师权威作用的实现。因此，教师权威包含教师权力和教师威信主客观两方面的因素，包括学校教育制度赋予的社会地位，也包括自身专业素养、教育智慧和完善人格魅力赋予的精神力量。

社会权威是指影响他人思想、行为的个人和组织，是一种使人信从的力量，包括政府权威、社会组织权威和社会个人权威，可以是个人、群体或事物。恩格斯曾经给出了权威的定义：一方面，权威是指把别人的一致强加于我们。另一方面，权威是以服从为前提的。权威源于社会的一致行动并谋求达到某种共同目的。社会权威一般指基于社会活动能力、成果获得的某种权力和地位，具体包括：①法理权威，受法律规定约束；②传统权威，受社会习俗习惯所制约，包括家族权威；③感召权威，通过某种专长、社会活动获得高度感召力，包括社会公众人物权威等。

（三）权威认知

权威认知首先是一种社会认知，社会认知主要以人或人类事件作为主要对象，是个体间及群体间各种不同关系和彼此之间相互作用，包括外显的社会行为，也包括内隐的社会认知。心理学家们（Flavell，1974；Flavell, et al.，1968）认为社会认知应该包括 3 个方面的内容，分别是存在、需要和推论。其中，存在是关于认知对象的特定事实和现象，是非常表面和肤浅的；需要是人在尝试对这些事实或现象产生社会认知行为倾向时产生的内在需要；推论则是在认知过程中表现出来的推导能力，特别是在儿童心理理论倾向中表现得更为明显。因此，权威认知是指个体对权威对象认知的过程中的一种自我觉知和一般认识，包括权威关系认知和权威特征认知。其中权威关系认知是指对权威社会关系以及自己与权威之间关系的认知，权威特征认知是权威关系认知的重要影响因素之一（邹晓燕，2006）。从教育立场来看，权威特征要求被试服从，与权威者的意志相统一。这也就是说，有权威者要具有更加明显的专业知识、特殊技能、特别经历等资源优势。当权威对象与有权威者之间具有一定差距时，权威对象可能更容易受到影响。权威对象也会具有一定的功利性，权威对象自身的利益和需求得到满足后才会自愿认同权威者。权威关系是指权威对象和有权威者之间影响与被影响、控制和被控制、服从与被服从的关系，从属于社会关系（章云珠，2002）。少年儿童在权威关系的认知中起不了决定性的作用，有权威者在相互关系中会有更大的作用、更大的影响。少年儿童在诸多方面的影响可能不如权威者，处于服从权威者的劣势地位或被控制地位，但从长远和本质关系上来看，少年儿童可能会拥有更大的影响力，他具有可以决定是否服从权威影响的最终决定权。权威认知过程不是固定的状态而是一种相对变化的状态，少年儿童的权威认知过程具有开放性，会在一定范围内变化。一旦权威关系形成之后，少年儿童对权威者的认同、支持态度就不容易改变，但不会保持不变。如果其他社会、环境因素对其产生干扰的话，原本的权威关系很容易破裂，变成另一种关系（肖含悦，2017）。

关于少年儿童权威认知的研究最早要追溯到皮亚杰（1984）关于儿童道德发展的研究中，他认为儿童道德判断的发展与其社会关系、社会规则、权威等因素密不可分，归根结底与儿童的各种社会关系有关，可以表现为对权威的遵从水平的不断变化过程。儿童的道德判断要经历前道德、他律道德到自律道德 3 个阶段。儿童在道德判断的前道德阶段就是盲从道德权威，无法独立于权威来思考问题，到最后的自律道德阶段才认为权威应该与群体中的其他人是平等关系。在皮亚杰的道德发展阶段理论中，儿童的权威认知水平与其道德判断发展水平是一致的。后来，科尔伯格在继承和发展皮亚杰道德认知发展阶段理论中用两难故事法代替了对偶故事法，提出了三水平六阶段理论，其中前习俗水平的惩罚和服从定向阶段的儿童会毫无怀疑地服从权威，朴素的快乐主义阶段儿童开始认为权威并不具有绝对权威性。戴蒙（1977）也采取两难故事法的研究方法对 4~11 岁儿童的权威认知观念进行研究，得到的结果是儿童权威认知观念的发展具有阶段性的特点，可以分为 3 个水平 6 个阶段。水平 0（4~7 岁）：此时的儿童不能区分自己的愿望与权威的要求之间的区别，但是到了后期阶段开始注重服从权威的实际效果。水平一（7~9 岁）：儿童更多的是服从权威的道德定向，认识到不顺从权威会导致不好的结果，只有服从权威才是对权威的帮助和回报。水平二（9 岁以上）：儿童认识到对权威服从有 2 种表现，自觉自愿的和被迫的。戴蒙通过实验发现儿童对于权威的认知在不同的年龄有不同的反应：最初，儿童对于权威概念毫无认知，四五岁时，儿童开始认识到权威的存在，并且认为权威人物应该具有"一种内在的，要别人服从的权力"，并且对学校熟悉的人物形成了权威概念，如学校的老师和巡逻人员。8岁左右，儿童对权威产生了更深刻的看法，开始带有理性判断，认为权威是一种相互关系，对权威形成了更广泛的认识，认为校长、警察和总理等都是权威。水平三（十一二岁）：儿童认为权威关系应该是完全合作的，在考虑权威时不仅仅考虑权威者的能力和知识，同时也要考虑情境的要求。因此，权威认知是儿童在道德发展的不同阶段对各种社会关系的认知，是社会认知、社会道德推理的有机组成部分，是儿童社会化发展的重要途径，对于少年儿童来说尊重正确的权威，可以获得知识，减轻发展过程的干扰，形成正确的行为方式，培养更多的社会才能，如果对权威漠视或反抗，则有可能造成自由型和反社会型人格。少年儿童自我意识的发展对权威认知产生重要的影响，随着少年儿童自主性的发展会逐渐产生脱离权威的需要。

如果把权威分为父母权威、教师权威和社会权威，那么父母权威认知就是对父母与子女关系的认知，是对父母规则和管教方式的认知，具体表现为对父母权威合理性的认知、对父母权威遵从的认知以及对个人权限的认知等。少年儿童权威认知会受到亲子关系的影响，反过来也会对亲子关系的发展产生重要影响，少年儿童对父母权威的认同程度越高，就会越信服于父母，与父母的亲和度也就越高，也就越容易建立融洽的亲子关系。教师权威认知就是指对教师权力和教师威信的认知。社会权威认知就是指少年儿童对政治权威、娱乐明星以及科学人物的权力、地位和社会关系的认知。

三、利他行为的概念及类型

利他行为（altruistic behavior）一词最早由奥古斯特孔德将其引进道

德理论，他认为人类既有利己的冲动，又有利他的冲动。被普遍认可的概念认为，利他行为是指自愿帮助他人而并不期望得到任何针对自身回报的行为，是对社会和他人有利的行为，包括谦让、助人、合作、分享、同情等有利于他人和社会的各类行为。一般来说，只有真正有利他动机、让别人和社会从自己的行为中分享到积极成果的行为才能称为利他行为，如果利他行为者从自己的行为中有了收获或者其行为是对他人的一种回报，那么这种行为就不能简单地界定为利他行为。如少年儿童的行为可能出于模仿、获得成人的赞许、为了降低某种焦虑等带有或多或少的某种自私的动机，这样的行为就不能界定为利他行为。因此利他行为应该包括 4 个特征：一是有益于他人和社会；二是自愿行为，不是迫于某种外界压力；三是不求任何外界回报；四是付出了某种代价或者做出了某种自我牺牲。利他行为是道德发展的较高层次，有助于促进行为的良好表现和人际关系的稳固发展（刘雅茜，2019）。利他行为是一种普遍的社会现象，是个体社会适应性发展的重要组成部分，对维持社会发展、建设和谐和幸福社会具有重要意义。当前我国处于社会转型期，市场经济已经深入人心，自私自利、自我中心在某些社会群体中还占有一定的市场，甚至造成了利他动机和行为缺失的现象，因此研究促进利他行为的举措具有重要的现实意义。

利他行为是亲社会行为的组成部分，主要包括亲缘利他、互惠利他和纯粹利他 3 种类型。亲缘利他，一般出现在亲族之间，并且与亲近程度成正比，也就是说，个体之间的亲缘关系越近，彼此之间的利他行为倾向就越强，亲缘关系直接决定了利他行为的程度；互惠利他是指在没有亲缘关系的个体之间通过互相合作的方式让双方都获得回报和好处的行为，互惠利他不局限于人类社会，在动物界也广泛存在；纯粹利他是指个体自身对其他个体做出的帮助行为是完全不考虑自身情况的，也不追求任何针对个体自身的客观回报（李淑敏，2008）。此外，还有其他一些分类，如有条件的利他行为和无条件的利他行为、进化的和本土的利他行为、紧急的和非紧急的利他行为、软利他行为和硬利他行为、彻底的和纯粹的利他行为等。

第二节　少年儿童权威认知的现状研究

权威代表的是一种社会关系，主要是指权威者和权威对象之间控制与遵从、影响与被影响的关系。少年儿童权威认知的研究历史大体可分为 3 个阶段：①权威认知研究萌芽阶段（20 世纪 30 年代—70 年代），以皮亚杰和科尔伯格为代表。结合道德认知问题研究少年儿童权威认知，把权威认知研究从其他社会认知研究中独立出来。皮亚杰在研究中提出了"道德实在论"观点，儿童会倾向认为规则是成人制定的具有道德意义的准则，是给定的、外在于心灵和权威的，任何服从于这些规则的行为都是好的，任何违背这些规则的行为都是坏的。成人制定的这些规则之所以是正确的，是因为成人力量强、年纪大、块头大等能力强大的特征，但这种对权威的遵从随着年龄的增长会有所变化，从对成人权威绝对遵从到出于内在良心和公平观念方向转变的趋势。②权威认知研究发展阶段（20 世纪 70 年代到 80 年代中期），以美国教育心理学家戴蒙等为代表。戴蒙第一次将儿童权威认知作为专门的心理学研究对象进行了广泛的研究，他在研究中利用两难故事法研究 4~11 岁儿童权威概念的获得，发现儿童权威认知的发展具有年龄差异，5~6 岁儿童对成人是内在的、绝对的服从，对权威无明确概念；从 8 岁开始，儿童认为权威是一种相互关系；11~12 岁儿童认为权威关系是一种特殊的情景关系或专业关系，权威不是自然建立起来的，是因为特殊的专业能力和知识或特殊的情景才成为权威的。戴蒙在前期研究基础上，编写了《儿童的社会世界》，产生了重大影响，关于儿童权威认知的研究迅速受到研究者们的广泛关注，其中最有代表性的研究者是尤尼斯和斯毛勒（1985）。儿童一方面尊重成人权威，另一方面又开始对成人权威的合理性产生怀疑和挑战，具体会表现为在一些领域尊重成人权威，在一些特定领域可能又不愿意尊重这些规则，对这些成人规则的合理性产生怀疑和挑战。③权威认知研究繁荣阶段（20 世纪 80 年代中期开始至今），主要表现为研究数量增加、研究范围扩大、研究设计更加精巧。如：柏瑞恩等（1991）研究发现儿童对权威的服从是因为预料到不服从可能会带来消极后果；劳帕（1991）研究发现儿童对权威的服从主要不是考虑成人的块头，更多地认为知识、专业水平以及社会地位更加重要。这些研究都验证了儿童对权威的认知不是简单的过程，关于是否服从权威，儿童会考虑权威发出命令的领域、权威人物的专业知识和社会背景等因素。国外对儿童权威认知发展研究主要关注儿童对权威特征的认知以及儿童对权威合法性范围认知等几个方面。

一、少年儿童权威认知的发展阶段

（一）皮亚杰的道德认知发展阶段理论

皮亚杰并未将儿童权威认知作为直接研究对象，但他的道德认知发展阶段理论包含了儿童权威认知的相关内容。皮亚杰将儿童的道德认知发展过程分为 3 个阶段：①前道德阶段（0~5 岁），儿童还未对权威的概念有清晰的认知，还未具有对环境中各类成人应该服从和不服从的标准意识，服从和不服从成人更多地考虑了可能产生的直接后果。因为成人具有力量大、块头大、能力强的特点，违背成人制定的规则可能会受到成人施加的难以承受的直接后果。②他律道德阶段（6~10 岁）。随着儿童年龄的增长，儿童开始逐渐趋于社会化。儿童开始产生强烈的规则意识，认为规则是成人制定的，这些规则是神圣不可侵犯的、绝对的、不可变更的，必须遵守，人们判断一个好孩子的标准也要看是否遵守成人制定的规则。在判断一个行为的好坏的标准主要根据行为的直接后果，没有考虑行为背后的动机。如果孩子把杯子打碎了，让孩子来判断的话，则会认为打碎的杯子数量多的行为比打碎杯子数量少的行为更坏，而不考虑有意还是无意打碎杯子。儿童认为谁犯错谁就应该受到惩罚，他们并不考虑犯错的内容与惩罚性质的关系，如他律道德阶段的孩子会倾向认为应该去惩罚打碎窗户的男孩，而不是让男孩赔偿损失。③自律道德阶段（11~12 岁开始），儿童进入小学，社会经验进一步增加，他们对道德规则产生了新的认知，开始意识到这些既定规则不是约定俗成的，是可以变化的，任何规则都不是自身之外的强制力量，他们开始形成内在的判断标准，更多看重平等，在相互尊重的基础上提出自己的意见并试图改变这些既定的规则。在自律阶段的儿童更多地考虑行为者的动机而不是行为的直接后果来判断行为的好坏，如他们会认为有积极动机但损失较大的孩子相对于那些怀有不良动机但损失较小的孩子更不好。处于自律阶段的孩子也会倾向惩罚那些犯错的孩子，但他们会考虑犯错内容与惩罚性质之间的关系，惩罚不是目的，而是为了促进那些犯错的人做出改变。

（二）达蒙权威认知发展阶段理论

美国教育心理学家达蒙采用道德两难故事法研究儿童的权威认知发展过程，他主要围绕儿童熟悉的生活环境，设计了父母权威、同伴权威关系、权威实施的依据等方面的一系列问题，根据儿童对这些问题的反应来推论儿童权威认知发展趋势。最终达蒙提出了儿童权威认知发展的 6 个水平阶段，分别是：水平一，儿童对权威绝对的依赖和盲目崇拜，无法将自己的愿望和对权威的要求区别开来；水平二，儿童开始体验到自身愿望与权威规则之间的冲突，但由于儿童的弱小只能对权威绝对服从；水平三，儿童增加对不服从权威的恐惧感，对自身愿望与权威之间的冲突感受更加强烈，他们会担心自己如果不遵从权威将会招致惩罚；水平四，开始意识到自身与权威之间是平等关系，遵从权威，遵从交换关系和互惠原则，遵从权威是自身获得长期回报的重要手段；水平五，不再盲目地服从权威，开始有条件地服从权威和理性地评价规则，他们开始意识到权威人物也可能做出错误决定，他们之所以能解决更多问题是因为他们的专业知识和能力、社会地位；水平六，没有绝对权威的观念，一个人或组织是否是权威更多的是因为能给一个群体、社会带来福利，是因为他们有丰富的专业知识、强大的解决问题的能力，如果认为自己有更强大的做出决定的经验和能力，对权威人物就会表现出不服从。

（三）安秋玲等（2003）的儿童权威认知四阶段理论

国内心理学家对权威认知也进行了大量研究，其中李伯黍等（1983）研究认为 9 岁以前的儿童无法辨别权威和公正观念，直到 9 岁以后才开始显现出公道、公正观念。张卫（1996）对 5~13 岁儿童进行两难故事法研究发现，儿童的公正观念与权威发生冲突时，儿童道德认知发展经历了无法分辨权威与公正关系，到权衡自身与权威冲突利弊的公正观念，到强调自身观念和权利的公道阶段。安秋玲等（2003）在前人研究的基础上，采用两难故事法研究了 7~17 岁儿童权威认知的发展，结合我国国情对达蒙的六水平模型进行了整合，提出了儿童权威认知的四阶段理论：阶段一，外部信息定向阶段，包括权威定向和诱因，此阶段的儿童还没有形成自身权利意识，表现出对权威的绝对服从；阶段二，工具价值定向阶段，包括功利定向和侥幸心理，此阶段儿童可能会不服从权威，但这种不服从更多服从于对与权威间冲突后果利弊的判断，具有投机取巧的意义；阶段三，个人自我定向阶段，包括个人发展和个人权利定向，此阶段儿童能根据自身利益做出服从还是不服从权威的稳定判断，因为他们始终站在自身的角度上思考问题；阶段四，协调阶段，此阶段儿童不会单纯地做出服从权威的决定，他们能够在服从权威和自身利益之间做出较为合理的协调。本阶段对儿童权威来说是较难于达到的，是儿童权威认知的最高水平。

二、少年儿童父母权威认知的现状

王美萍（2006）认为父母权威就是父母所拥有的控制儿童行为的权力。斯麦塔纳（1994）认为父母权威认知是个体对父母规则和管教的认知，具体表现为对父母权威合理性、父母权威遵从以及个人权限的认知。对父母权威的认知，直接影响孩子是否同意父母的管教和命令。国外对少年儿童父母权威认知领域进行了大量的研究，研究探讨的更多的是关于父母权威认知领域、发展特征和文化影响。国内对少年儿童父母权威认知的研究较少，研究内容也是在借鉴两难故事法的基础上从道德方面转向权威认知的研究，关注的年龄段更多的是儿童期，针对青少年期的研究较少，出现了研究断层现象（秦亚伟，2015）。

国内外学者通过实验得出，少年儿童父母权威认知的发展特点具有年龄特征，随着年龄的增长，少年儿童对父母权威的认可和服从程度呈现逐渐下降的趋势，同时对其行为自主性产生了强烈的愿望。如：朱龙凤（2012）认为，父母权威认知是孩子对父母教育子女过程中的教育影响力、社会影响力的认知，这种认知是从父母的权力和感召力两方面获得的。李伯黍（1984）认为，儿童对公正的要求和父母权威的要求之间会产生冲突。在年幼的时期，儿童不能区分权威要求与公平观念，后来经历亲子冲突和公平阶段，最后发展到追求"公道"，而且发展的过程还是没有波动和变化的，公道是发展的最高阶段。张卫（1996）利用两难故事研究方法，对少年儿童的父母权威认知进行了研究，儿童服从父母的因素不是固定不变的，会随着年龄的增长而发生变化，即在不同领域父母权威对少年儿童的强制性影响有所差异，儿童在年幼时不能分辩公平观念与权威要求，随着年龄的增长，对父母的服从逐渐发展为追求公平结果，其是否服从还会考虑其他因素。而且随着青春期自主性和独立性的增强会出现为追求公平而反抗父母权威的行为。

国外心理学家 Tisak（1986）采取两难故事法进行研究，结果发现随着年龄的增长和社会性的发展，儿童逐渐意识到某些行为仅仅对个人产生影响，是属于个人权利所决定的内容，不属于父母权威决定的领域。斯麦塔纳（1994）的研究结果发现，少年儿童和父母都认同父母权威在道德认知领域、社会习俗领域具有合理的权威性，而在个人生活问题、友谊问题和个人问题方面，相比于青少年，父母认为其自身权威具有更高的合理性。Dixon（2008）研究发现，不同文化背景下的少年儿童，对父母权威认知存在差异，非裔、拉丁美洲裔少年儿童比欧裔美国少年儿童更遵从父母的权威，具有墨西哥、中国和菲律宾背景的少年儿童，相比欧裔美国的少年儿童，有较低的自主需求，更愿意遵从父母的权威，而不是与父母的权威相违背。在东方强调集体文化背景下的少年儿童从出生开始就被教育要做一个"听话"的角色，只有"听话"才可以完成好任务，才能得到家庭、学校和社会的认可，要服从集体的意志，要尊师重道，而西方的个性文化背景更多的是倡导个性自由，主张追求自己内心的需求，较少受环境因素的影响，也使西方背景下的少年儿童表现出更多的挑战权威、违背权威的意识。低年龄阶段的儿童往往认为父母在知识素养上最具权威，但教师和同伴作为知识权威的作用会随着年龄的增长而增加。

三、少年儿童教师权威认知的现状

涂尔干的《教育与社会学》认为，教育的本质就是一种权威性的活动。教师是属于社会的代言者，不仅是他所处的时代和国家的道德观念、道德规范的解释者，同时教师也因为其坚强的意志和高尚的道德品质而受到尊重（张人杰，1989）。从涂尔干对教师权威的描述中可以发现，他认为教师的权威源于社会，同时又依靠自身的坚强意志和道德品质，教师的权威离不开个人的人格力量。胡元林（2018）提出，教师权威代表的是某种法律制度规定的关系和权力，包括教育者和受教育者之间影响与被影响、支配与被支配的关系，主要表现为权威者教师对权威对象受教育者的文化知识、价值观念等的传承的支配和影响，以及权威对象受教育者对权威者教师的依赖和服从。目前关于教师权威存在的合理性问题存在两种主张：一派是以马克斯·韦伯为代表的学派，认为教师权威存在是有其合理性的，并且把教师权威分为法理权威、传统权威和魅力型权威；另一派是以后现代主义为代表的反权威学派，主张要消除一切权威，认为尊重人的充分自由，要实现人的真正的、完全的自主主体性，就必须消灭一切权威体系（沈萍霞，2012）。

少年儿童教师权威认知研究内容包括对教师权威概念的探索、教师权威的类型、教师权威的合理性、教师权威的影响因素和教师权威的消解与重构等内容，主要从教师的角度去讨论教师权威，对社会关系和教师之间关系的研究较少。从学科上来看，对教师权威的研究，教育学最多，社会学次之，心理学、法学、文化学等逐渐减少（沈萍霞，2012）。张凤（2006）认为教师是儿童跨入社会的最初权威，少年儿童对教师权威的认知具有随着年龄、认知水平变化的趋势，而且在对教师权威认知时会考虑其身份特征、合理性和个人领域。儿童期的认识具有很大的依附性。这个时候，儿童对教师权威的认可度高，很听教师的话，而且口头禅都是"老师是这样子说的"，甚至还会在家里把父母叫成老师。随着少年儿童年龄的增长，其身心迅速发展变化，对老师权威的认可度降低，甚至会出现"口服心不服"的矛盾现象，年龄阶段越高的学生，越是希望建立民主、平等的关系。教师权威主要表现在知识领域，对学生影响最大的是小学低段。

四、少年儿童社会权威认知的现状

何为社会权威？社会权威就是关于权威的社会化，也就是权威向社会纵横度上扩展和深化，主要体现的是社会公众对权威的认可度和接受程度，这种认可度既包括对权威发出者的认同与接受，也包括对权威实施者理念与规则的认同和接受。社会权威类型繁多，包括因信用、市场、社会契约、社会组织、社会道德、社会信仰等因素形成的权威，还包括中国传统社会中的宗族权威、乡村权威、长老权威、乡绅权威等（杨建华，2016）。陈伟（2017）指出社会权威的转变表现出以下特点：①承载社会权威的主体力量发生了变化，构成了"政府培育+民间生成"协同培育的模式；②承载社会权威主体的界定不断开放，由传统的精英主义（土绅群体）向大众主义、全纳主义转变；③社会权威、法律权威和政府权威逐渐形成和谐互动的关系。张卫（1995）对成人身份、知识和社会职责3个权威特征进行组合，获得了8种权威形象，分别由8类对象来代表：老师、科学家、门卫老伯伯、叔叔、班长、小天才、值日生和某小朋友，采用两难故事法研究5~13岁儿童的社会权威认知状况。结果发现，成人身份、知识和社会职责3种权威特征都具有者权威最高，有2种权威特征者次之，以此类推，而3种特征全无者则全无权威性，只是一个人为的权威对象，不值得被信任。年龄越小的儿童越看重权威者的成人身份，不太重视权威人物的知识和社会职责，但随着年龄的增长，儿童对社会职责的评价越来越高，到 13 岁时便成为主要的权威者特征，知识的成分则降到最低。年幼的儿童对成人身份和知识的组合评价最高，而对成人身份和社会职责组合的评价最低。随着年龄的增长，3 种组合在 13 岁儿童中都有所下降。只拥有知识的权威者的权威评价最低，但知识一旦与其他权威特征组合时其评价就明显提高。因此，可以认为中国少年儿童对权威形象的评价最看重知识，随着年龄的增长知识的权重有所下降，同时对社会职责的评价随年龄增长也逐渐增长，13 岁是发展的转折点。

第三节　少年儿童权威认知的影响因素

少年儿童权威认知是一个整体概念，有多种因素会影响其发展。国内外研究考察了权威认知与其他因素的关系，这些因素包括权威特征、命令类型、发生问题领域、社会情境、自我意识及自身人格特征等。这些因素共同作用，对少年儿童权威认知产生影响。

一、权威特征

权威特征指权威人物所具有的使其成为权威的具体特征，少年儿童对权威特征的认知必然受到文化背景的影响，在不同文化背景中成长的少年儿童也必然存在权威认知上的差异。皮亚杰认为年龄、体积和力量是少年儿童对成年人权威特征的认识（Windmiller M, et al., 1980）。美国教育心理学家戴蒙（1997）认为成人身份、知识和社会地位是少年儿童进行权威判断时的主要特征。劳帕（1991）以美国 9~13 岁儿童为对象，系统地研究了权威特征中社会地位、知识、成年身份的认知特点，发现儿童在进行命令判断选择是否服从时，主要考虑的是权威的社会地位、知识这些因素，较少看重成年人身份这个权威特征。不同年龄阶段的儿童的权威认识也具有不同特征，低年级儿童更看重知识的权威影响，到了青少年期，社会地位逐渐成为他们认识权威的最重要特征。张卫等（1995）也对中国少年儿童的权威特征认知进行了研究，得到的结果和国外的学者存在不一致的地方，相对于美国儿童在进行权威判断时非常看重社会地位、职业责任这些权威特征，中国儿童进行权威判断时总体上更看重知识这个权威特征；年幼儿童更看重成人身份，不看重社会地位的影响，但是随着年龄的增长，社会地位这一权威特征的重要性逐渐增加，成人身份却逐渐淡化。这可能跟中美两国文化背景不同有关，中国文化更看重知识的影响力，美国文化更看重人的社会地位。虽然中美两国儿童对权威特征有不同的认可度，但具有多种权威特征的成人更容易被儿童所接纳，任一一种权威特征的减少都将影响成人权威形象的建立。

二、权威命令

少年儿童会对权威者发出的命令、要求、规定的合理性进行判断，少年儿童逐渐开始认为权威者并不具有绝对的权力，也并非总是服从于权威者。当权威者发出的命令是不合理的，如打架、破坏东西、伤害他人这些事情，少年儿童会更加愿意接受成人或是同伴发出非权威性合理的建议而非命令，如打扫房间、停止打架和破坏玩具等（劳帕，1986）。劳帕还研究了学前儿童与学龄儿童在权威命令认知上的差异，结果发现所有儿童都更愿意服从合理命令，对不合理的命令不愿意服从。但还是存在一些差异，仍有一部分学前儿童会服从成人的不合理命令（如打人等），所有学龄儿童则不会服从这类命令。这与儿童认知发展水平是一致的，低年龄儿童是权威定向的，随年龄增长其权威认知才逐渐趋向客观。

少年儿童对权威的规则和命令不是盲目地遵从，而是根据自己对权威的判断做出决定的。达蒙（1997）的研究发现，4~10 岁的儿童愿意接受父母让其扫房间的命令，但对其偷窃和伤害人的命令总是犹豫不决，不愿意接受。也就是说，儿童对成人权威命令遵从一定的限度，他们首先要判断命令的合理性，然后根据命令的性质做出自己的最后决定。张卫（1996）在研究中发现，5 岁儿童就已经能够分清父母指令的对错，已经能够根据一定的道德标准来判断父母命令的合理性，并不是只要成人命令了就会服从。

三、冲突领域

冲突发生的领域通常被认为包括道德领域、社会常规领域和心理领域 3 个方面。此后，斯麦塔纳（1994）在此基础上对冲突领域进行了更加细致的划分，认为应该包括道德、社会常规、友谊、复杂事件（涉及多个领域的事件）、安全健康、个人事件（家庭杂务和儿童的个人外表）等领域，并在此基础上对少年儿童权威认知影响因素进行了研究，结果发现少年儿童认为道德、常规、复杂事件上成年人的决定更具合理性，而儿童在个人事务上具有决策权更有合理性。随着年龄的增长，成人和儿童都认为儿童应该在个人事务上有更大的决策权，但在安全健康领域，成人和儿童的认识与具体执行之间存在差异。他们都认为是儿童个人范围内的事情，儿童应该有更大的决策权，但基于安全、健康方面的考虑，都认为父母应该有更高的权威才是正确的。张卫等（1995）的研究结果表明，中国儿童对父母权威在道德、生活领域所做决定的认可度、服从度较高，原因可能是此时中国儿童的自主意识还不高，同时中国传统价值观也强调集体协作而非个人自主性，这与西方传统文化的个人主张不同。Tisak（1986）采用两难故事法，故事内容包括偷窃、家庭冲突和交友选择等领域，研究了6~10岁儿童对父母权威概念的认知，结果表明随着儿童社会化的发展、自主性的增强，儿童逐渐认识到父母的权威有一定的界限，比如少年儿童认为父母权威在道德领域所做决定的合理性最高，其次是在生活领域尤指家务方面，合理性最低的是关于交友方面的合理性。Tisak等（2000）的研究还发现，在制定有关道德推理、社会习俗和社会规则的规定、指令上，父母权威在家里所做的决定比在学校里的更有合理性，教师在学校具有更多合理性。

四、儿童自身的性格特征

徐琴美等（2003）研究发现在焦虑水平方面，焦虑水平更高的少年儿童会更多地违背权威所做的决定，而焦虑水平较低的少年儿童则较为服从权威所做的决定，表明儿童的焦虑水平不一样，其对权威的遵从情况也不一样。同时，焦虑水平高低对女生的影响比对男生更大，权威者的性格好坏对权威对象很少有影响。

五、不同社会情境和社会文化

社会情境不同，儿童对同一权威人物的认知也会有差异。劳帕（1993）研究发现，儿童对学校权威比如教师和校长的权威认知或服从存在一定的情景范围，也就是超出校外出现效力降低现象，学生认为学校的权威无权在校外的任何情境中制定规则，即使部分儿童承认它的合理性，也只是在一些偶发性事件上，如伤害性事件（打架斗殴），在其他事件则没有决定权，同时这种合理性还有时效性。劳帕（1995）研究发现，与学校权威相比，父母的权威则可以跨越到家庭范围以外，可能是因为父母权威作为儿童看护者角色，其角色义务并没有被局限在特定的范围内，但是也不意味着父母的权威是无限的。如在学校情境中，父母命令和教师命令发生冲突时，父母的命令则没有学校决定那么重要了。吴兰花（2003）研究发现社会文化背景不同儿童的社会规则概念也会不同，在集体主义文化背景下成长的儿童认为社会应该有更多的和谐性而非冲突，因而更加服从权威；而在强调个人主义的文化背景下的儿童更加具有独立性和自主性，更强调个体权利。

六、少年儿童权威认知与利他行为的关系

权威认知实际上是对权威关系的认知，是少年儿童社会认知的重要组成部分，是影响其社会身份、社会性发展的重要因素。西方研究者发现具有较高社会认知水平的少年儿童表现的亲社会行为更多，但在某些情景中，少年儿童的移情或同情心理更容易引起其亲社会行为（Bason，1991；Hoffman，1982；Eisenberg，1998）。随着年龄的增长少年儿童的社会认知水平不断提高，其观点采择能力、逻辑思维能力、移情能力都处于快速发展期，能够从不同角度去思考，能够权衡与权威对象冲突后可能的利弊，充分考虑自身权利。同时少年儿童的道德认知也发展到了一个新的水平，已经进入自律道德阶段，是根据个人的良心、自身发展需要、行为者的动机与权威人物命令性质等因素之间的关系来做出最后决定的，而不是根据权威者制定的规则单纯采取行动的。少年儿童的移情能力也会影响其亲社会行为表现，但这种移情能力与其观点采择能力、逻辑思维能力发展也有紧密关系。Eisenberg 和 Miller（1987）等研究发现，单纯的高移情水平（特质移情）不一定能导致儿童的亲社会行为，只有唤醒水平的移情（状态移情）才会引发儿童的亲社会行为，这显然与儿童的换位思考能力和逻辑思维能力有关。群体氛围和群体关系也是引发儿童亲社会行为的重要因素，因为群体氛围和群体内部的亲密关系，相互之间的很多特质高度接近，亲社会行为就容易发生。我国心理学研

究者陈阳（2014）询问一个班级的小朋友分享糖果的对象情况，发现儿童更愿意将糖果分享给本班级的小伙伴而不是其他班级的小伙伴，班级是儿童表现亲社会行为的重要依据。

第四节　少年儿童权威认知研究方法的回顾与反思

随着发展心理学、教育心理学和认知心理研究的不断深入，对于人的认知能力研究不仅关注人的自然认知方面，而且也深入人的社会认知方面。对少年儿童的权威认知研究开始于皮亚杰的道德认知发展的研究，随着道德认知发展研究的不断深入，特别是随着道德认知研究方法和研究手段的多样化、科学化，人们对社会认知的研究也开始深入社会的方方面面。跟少年儿童权威认知研究历史相一致，少年儿童权威认知研究方法经历了对偶故事法、两难故事法、道德情景故事问题法以及问卷调查法等发展过程，包括从单一研究方法到综合研究方法的发展过程。

一、关于权威认知的定义

权威一般是指在社会关系体系中表现出来的社会地位或权力，以及行使这种权力的个人。对少年儿童来说，这些个人包括父母、教师、同伴或社会上的其他成人。权威认知主要包括对权威关系及权威特征的认知两方面。权威的英文单词是 authority，在汉语词典里，权威在不同的使用场景下可以有不同的意义，在两种语境下可以表现为两种意思：一种是使人信服的、不可违背的威望和力量，另一种是产生这种力量的人或者事物。总体上说，权威是指在一定的社会关系结构中表现出来的某种结构化或制度化的权力，以及行使这种权力的个人、社会机构或组织等

（吴稼祥，2007）。少年儿童的权威认知实际上是其对社会规范的一种认知，是儿童社会化发展的一个重要方面，它深刻影响着个体对社会规则和他人的态度，及个体的人际交往和社会适应。

二、关于少年儿童权威认知的研究方法

瑞士心理学家皮亚杰最早研究儿童权威认知问题，他采用对偶故事法研究了儿童的社会关系、规则、法律、权威等道德发展领域。美国心理学家科尔伯格一方面对皮亚杰的理论给予了高度评价；另一方面认为皮亚杰的对偶故事法存在明显的缺陷，并不能很好地揭示儿童道德推理的基本过程。于是他把皮亚杰的对偶故事法改变为两难故事法，采用两难故事法研究儿童的道德发展。在两难故事法研究中，其提问方式运用开放式题目考察儿童道德推理过程，使用的题目包括"为什么这样做""为什么不应该这样做"等。科尔伯格创立的两难故事法后来成为权威认知研究领域的主流，但除了两难故事法，人们也广泛使用问卷调查法研究少年儿童对不同类型权威认知的发展特点。

（一）研究少年儿童权威认知的两难故事法

1. 研究道德发展阶段的对偶故事法与两难故事法

皮亚杰最先采用对偶故事法研究儿童道德认知发展问题，利用给被试讲故事的方式提出道德认知方面的问题，根据儿童的回答来评定儿童是依据造成损坏的结果还是依据行为者的动机做出道德判断的。由于皮亚杰每次都是以成对的故事来研究儿童道德认知过程的，所以这种研究方法叫对偶故事法。皮亚杰最常用到的两个故事是这样的：（1）一个叫约翰的小男孩到餐厅去吃饭，当他走进餐厅时并不知道门背后的椅子上有一个放着 15 个杯子的托盘，他推门进去，门撞到了托盘，这 15 个杯

子全碎了。（2）一个叫亨利的小男孩在母亲不在家时，想从碗柜里取出一些食品。但由于碗柜太高，他的手够不着，在反复尝试的过程中碰到了其中一个杯子，结果杯子全被打碎了。讲完故事后，主试向被试提出两个问题：两个打碎杯子的小男孩是否都感到同样的内疚？这两个小男孩哪一个更不好，为什么？根据被试的回答结果，皮亚杰推论出少年儿童道德认知发展从注重行为结果的评价向注重行为动机评价方向也就是从他律向自律道德发展。皮亚杰在此基础上提出了道德认知发展的三阶段理论，分别是前道德阶段、他律道德阶段和自律道德阶段。其中前道德阶段大约在 4~5 岁以前，儿童思维完全以自我为中心，直接受结果支配，缺少对道德现象的判断能力；他律道德阶段大约在 4 至 8~9 岁，主要特征是以遵守道德规范、成人要求作为道德判断的标准，只注重行为结果不注重行为动机；自律道德阶段大约在 9 岁至 11~12 岁，此阶段不再盲从权威，从注重行为结果开始转向注重行为动机。

科尔伯格认为皮亚杰的两难故事法由于其包含的情景内容的限制并不能揭示儿童道德推理的详细过程，于是进行了改进，他所设计的故事里面一般包含了在价值判断上具有矛盾冲突的故事，然后要求被试对故事中的人物进行评价。科尔伯格使用了一系列两难故事，其中最典型、最著名的是"海因茨偷药"的故事。其故事内容是这样的：欧洲有个妇人患了一种重症，医生认为只有一种药能够救她，就是一个药剂师最近研制出的一种药。药剂师要价很高，如他本来只花了 200 元研究这种药，却要价 2 000 元，这让妇人的丈夫海因茨难以承受。海因茨想了很多办法都没筹齐药剂师要求的药费，他不得已只好要求药剂师能否便宜点卖给他，但被药剂师拒绝了。海因茨在走投无路的情况下，偷偷进了药剂师的药店，为妻子偷来了这种药。讲完故事后，主试向被试提出如下问题：海因茨应该偷药吗，为什么？法官应该判海因茨有罪吗，为什么？这样提问不仅关心儿童对海因茨应该还是不应该的判断，同时更关心儿童做出判断时的背后理由。在长达 10 年的追踪研究之后，科尔伯格提出了三水平六阶段的道德认知发展阶段理论：前习俗水平包括服从于惩罚定向阶段、朴素的快乐主义与工具定向阶段；习俗水平包括好孩子阶段、权威性与维持社会秩序阶段；后习俗水平包括契约、个人权利和民主承认法律道德阶段以及个体内在良心道德阶段。

美国教育心理学家（达蒙，1977）将少年儿童权威认知研究推向了一个新阶段，他以 4~11 岁儿童为被试，设计的两难故事都与儿童熟悉的生活场景紧密相关，围绕父母权威和同伴权威对被试的指令、发出指令的依据等提出了一系列问题，并根据儿童的反应推论少年儿童权威认知的发展趋势。Tisak（2000）以 6~10 岁儿童为被试，设计的故事更加具体，分为 3 个领域：偷窃、家庭冲突和交友选择。安秋玲（2003）以典型性为设计原则，编制了适合不同地区、不同年龄儿童特点的一组故事及问题。将每个儿童提问时的两难故事为 3 个，分别为儿童与父母之间关于复习与看电视的故事、儿童与教师之间关于补课与娱乐的故事、儿童与社会成人之间关于穿着仪态与社会传统习俗的故事。其中低年龄段的孩子由于与成人的交往少，没有设计与成人交往的两难故事。研究过程与科尔伯格的一致，都是先给儿童讲故事，然后提出问题考察儿童的反应，考察每一年龄阶段儿童对社会职责或地位、知识和成人身份 3 种权威特征的认知状况。其中一个故事是这样的：小明是小学五年级学生，特别喜欢看电视。一天放学后小明早早地把作业做完，然后就打开电视看一部非常受小孩子欢迎的电视剧，电视剧很精彩，他看得很投入。但正看着，妈妈走过来说"马上就要期末考试了，你还在看电视，赶快去做功课"。说完就把电视关了，出门办事去了。这时小明很难受，他可以看电视，但到底是看电视呢还是看书呢？为什么？根据研究结果，安秋玲等参考达蒙对儿童权威认知水平的划分，结合我国少年儿童的实际情况，提出我国儿童权威认知发展可分为 4 个阶段：外部信息定向水平、工具价值定向水平、个人自我定向水平、协调水平。林俊杰（2015）在研究小学生学校权威认知时编写了关于儿童学校权威的 6 个两难故事，校长权威、教师权威和同伴权威各 2 个故事，每个故事都配以相关图片以帮助孩子理解。在两难故事后提出 3 个问题：你认为故事中的主人公应该怎么做才是对的？你认为故事的主人公这么做的原因是什么？故事中权威人物和儿童分别是怎么想的？根据儿童的反应推断儿童的权威认知状况。

这些两难故事一般要求依据两难、典型、领域 3 个原则来进行设计，主要表现为儿童在选择时要感到难以取舍，题目贴近儿童的现实生活，并且不涉及明显的对错。

2. 考察道德和个人生活等传统权威领域的道德两难情景问题法

道德两难情景问题法一般是给儿童呈现一个日常生活中的情景，然后要求少年儿童对权威对象的权威大小和是否遵从做出判断。如：张卫（1996）采用了两个两难故事来考察 5~13 岁少年儿童父母权威认知的发展特征，研究目的是考察不同年龄的儿童在 3 个不同生活领域（道德、生活习惯、个人择友）的事项里父母权威认知的差异，考察儿童对父母权威的服从情况及其服从的理由。用两方面的问题来对儿童进行询问，首先是考察权威认知理由的问题，即考察儿童对父母权威表现的合理性的评价，如"你觉得父母没必要对孩子合理性进行规定和限制？为什么""像平时与小朋友玩耍这些事情，你觉得父母有无必要对小朋友进行限制？为什么"；二是考察被试对父母权威要求服从还是不服从的问题，如"好多小朋友都去他家了，你可不可以去呢？为什么"选择的两难故事分别为：要求被试去摘公园的花（违背道德规范的故事）、妈妈分配家务的故事。张卫等（1995）也采用类似的两难故事法考察了被试对 8 类权威人物的 3 种特征（成人身份、知识和职业责任）的认知情况，这些人物分别是 3 种特征全有的老师，成人、有知识但无管纪律的职责的科学家，成人、无知识、有管纪律的职责的老伯伯，成人、有知识、有管纪律的职责的叔叔，非成人、有知识、无管纪律的职责班长，非成人、无知识、有管纪律的职责的值日生，3 特征全无的小朋友。

（二）研究少年儿童权威认知的问卷调查法

Buri（1991）编制了父母权威问卷，由子女对父母采用的权威方式进行评价，分为专制、放任和权威 3 种类型，包括父亲版和母亲版两部分，共 30 个项目，问卷的信效度良好。周亚娟等（2010）对此问卷进行了修订。但是此问卷注重子女对父母权威方式的认知，可以视为子女知觉的教养方式，是教养方式的另一种测量方法。

朱龙凤（2012）自编了青少年父母权威认知问卷，问卷包括为人处世、日常生活、工作学习和抉择遵从 4 个维度，研究表明问卷信效度良好。

斯麦塔纳（1994）编制了父母权威认知问卷，区分了道德问题、习俗问题和个人问题 3 个领域，分别考察父母权威的合理性（父母是否可就此问题做规定），父母规则制定的义务性（父母是否有义务就此问题进行约束），权威的遵从（如果你不同意父母制定的规则，你是否会遵从）以及对是否遵从的归因等，其研究具有广泛的应用性。王婷（2006）修订了斯麦塔纳的父母权威认知问卷，修订的问卷由 3 个部分构成：父母权威合理性、权威遵从认知部分和个人权限认知，采用 4 级评分法，得分越高表示越认可父母权威。其中父母权威合理性认知包含 2 个领域：道德领域和个人领域，其内部一致性系数为 0.884，验证性因素分析各指数良好；父母权威遵从认知，采用 5 级评分法，得分越高表明父母权威遵从水平越高，其内部一致性系数为 0.901，拟合模型各指数良好；个人权限认知需要让被试选择这些决定性事项是由父母决定还是由自己决定，其内部一致性系数为 0.878。

北京师范大学张日晟、李琳琳（2003）编制了教师权威认知问卷，用于测量学生对教师各个领域权威的认同度。该量表共 27 个项目，分为 6 个维度（师德与知识、情感、规则、道德、个人生活、处理方法）。该问卷采用五点评分的方式，通过同质性信度（克朗巴哈 α 系数）进行问卷的信度检验，内部同质性信度系数为 0.929。

三、对少年儿童权威认知研究方法的反思

国内外相关权威认知研究已经取得了大量成果，形成了良好的理论基础，积累了大量研究资料，为进一步研究提供了重要的启发和思路，但在研究方法上还存在一些不足。

（一）研究方法单一的问题仍然客观存在

以往研究中，研究者多是设计一些两难故事情景，或者说主要采用两难故事法和故事情景问题法，呈现给被试的只是故事图片或对故事情境进行语言描述，采取一对一访谈法来考察权威人物的言行、命令性质和是否遵从，这就可能会出现儿童由于语言理解能力发展的不同或其他原因而影响研究结果的可信度的问题。两难故事情景与儿童的真实生活情景很难完全一致，特别是对于不同文化背景更是如此。同时通过访谈法来考察儿童对权威命令的遵从认知与具体的遵从行为之间并不完全一致。在现实研究中，儿童的权威认知与具体行为也应该有更为充分的表现，儿童对权威对象的喜爱、不满、评价等信息并未在传统研究中充分展示出来并进行深层次剖析，以了解权威对象本身的价值观念、为人处世态度以及对少年儿童的心理和行为产生的重大影响，从而有针对性地提出教育对策。因此，在以后的研究中我们应该注意对这种方法进行改进。最近在人格及社会性领域的研究中，人们不再仅仅局限于以往的一

些研究方法，已经开始尝试与认知领域的结合，如果可以尝试将认知方法与传统方法相结合来研究儿童的权威认知，其结果的意义会更大。

（二）定量和定性相结合的研究不足

目前对于权威认知的研究主要使用定量研究，定性研究应用较少。定量研究主要通过调查、实验或相关方法来获取真实数据进行分析，指向目标明确，容易得出科学的结论，优点是样本量大、客观精确、快捷方便、容易控制成本，但缺点是缺乏细节。定性研究主要通过历史回顾、文献分析、访谈、观察等方式，采用历史记录、会谈记录、录音、注释、视频等形式研究日常生活中各类无序、多样的信息，较为强调研究者的经验和思维水平，优点是能进行深度分析、更为灵活和较好地促进互动，但缺点是样本量少代表性不足、难以归纳规律、对研究者的要求较高、容易侵犯隐私产生专业伦理问题等。在权威认知研究中，运用定量研究有助于获得客观真实的结论，但是对于儿童产生某种行为的内部原因和一些深层次的问题缺少动态的描述和分析，而且目前还缺乏信度、效度都获得学界充分认可的权威认知量表，难以实施大规模的量化研究。采取定性研究可弥补这方面的不足，不过由于定性研究中无法排除研究者自身的价值观的影响，研究结果易受到研究者自身的价值观念等主观因素的影响。因而在今后的研究中，定性与定量研究相结合的研究方法是最可取也最为有利的，可以更深层次地了解儿童权威认知的内在机制。总而言之，要运用最适合的研究方法在各种社会关系的相互作用中把握儿童权威认知的特点和发展规律，才能更好地了解儿童人格的发展，为教育实践服务。

第二章
少年儿童教师权威认知的发展及其与利他行为的关系

在当代社会，每个人都处于一定的社会关系中，因此人如何更好地进行社会化就格外重要，这将有助于个体适应社会，并且在相应的社会生活中更好地生存和发展。个体顺利社会化，就必须对社会生活环境中存在的关系有清晰的认知。由此可知，社会认知的研究处于重要的地位，权威认知也是目前心理学研究领域的研究热点之一。关于小学生的社会认知的研究领域有涉及对于不同人物之间的社会关系的认知（张卫，沈家鲜，1994），其中包括小学生对于权威人物等的认知。小学生对于权威关系的认知关系到小学生对于相应的社会规范的认知，同时也是小学生社会化过程中的一个重要方面。墨森等（1990）指出，少年儿童的权威认知水平可以在一定层面上反映少年儿童的社会认知水平。因此研究少年儿童的权威认知发展水平及其特点，不但能够使少年儿童更好地学习社会规范和社会规则，而且能够为引导少年儿童提高社会认知水平提供更多的理论依据。教师权威认知作为个体早期重要的社会关系，其重要性不言而喻。对个体来说，关于教师权威的合理认知会促进他们形成正确的行为规范；而对于教师权威的错误认知，则有可能造成个体对社会相关规则、规范的漠视，进而形成无政府人格或是反社会人格。

已有研究发现，少年儿童的社会认知能力对其社会行为具有一定程度的调节作用（丁芳，郭勇，2010）。当一个人做出亲社会行为时，他会加工处理大量的相关信息，加工处理过程中不仅包括决策能力和直觉推理能力这类基本认知过程，而且与个体的社会认知能力有着直接关系。在目前的研究中，对于社会关系的认知能力中发展较早的教师权威认知的发展研究及其对利他行为的影响的研究不多，并且大部分的研究都是针对初、高中生，而对个体影响深远的少年儿童时期的研究涉足不多。因此，研究少年儿童教师权威认知的发展特点及其对利他行为的影响对了解少年儿童教师权威认知的现状、对促进师生社会关系和少年儿童亲社会行为开展具有重要理论意义和社会实践意义。

第一节　关于少年儿童教师权威认知的发展与利他行为的基本问题

一、教师权威认知的内涵

权威是指对社会生活等领域有着影响的组织、团体或个人。从这个意义上来说，权威代表的是权威者与权威对象之间影响与被影响、支配与服从的关系。朱智贤把权威分为正式权威和非正式权威两类（杨萍，2001）。正式权威是指通过法律、条例等官方章程来给予某类群体或某个人以某种权力，也可以称作官方权威。非正式权威又被称作民间权威。结合以往研究，从本研究的研究内容来看，权威是指在某一特定领域特别是特殊经历、个人专长具有一定影响力的人，表现在有权威者对权威对象的支配和影响，或者表现在权威对象对权威者的服从和依赖、控制和被控制关系。权威认知是指个人在认识权威的过程中，对权威认知的觉察能力，可以表现为对权威特征和权威关系的全面认识。对权威的认知是少年儿童社会认知过程中不可缺少的组成部分（庞丽娟，田瑞清，

2002），也是少年儿童在社会化发展过程中的重要组成部分（安秋玲，刘金花，2003）。这种认知会影响少年儿童对权威的态度和看法，甚至会影响其人际交往的发展和社会适应的进程。在少年儿童眼中，权威一般指的是父母、教师或是有一定影响力的同伴。在任何一个社会组织或社会机构中，为了实现既定的目标或计划，都必须由一定威望的权威来领导或组织。学校是一个有目的、有计划的教书育人的教育机构，为了保证教育活动的有序开展，也必须存在一定的权威。可以说，教师权威的存在就是实现学校教育活动的重要一环。在日常的教育中，教师的权威主要体现在教师对学生的支配和影响上，以及学生对教师的服从和依赖上。教师权威认知是少年儿童社会认知的重要组成部分，其重要性也是不言而喻的。本研究将少年儿童的教师权威认知定义为少年儿童对教师权威关系及其教师权威特征的认知。

皮亚杰对道德认知的研究开创了权威认知研究的先河。在此基础上，科尔伯格对皮亚杰的研究内容、研究方法进行了拓展。他们提出的道德发展理论均在一定的程度上展示了少年儿童权威认知的发展过程。总结他们的研究，可将儿童道德认知发展过程分为 3 个阶段：无条件服从权威阶段、平衡自身的内部规则和外部条件阶段、权威在群体中是平等的阶段。达蒙（1997）在前面两位研究者的基础上，开创道德两难故事法用于研究少年儿童权威认知的发展阶段。他最终根据少年儿童回答的内容将权威的发展分成 6 个水平。随后达蒙的研究证实了儿童随着年龄的增长服从权威的比例逐渐下降的假设。国内学者对权威认知发展阶段的研究成果也同样令人瞩目。李伯黍等（1987）发现，年幼的儿童无法准确理解权威和公平的含义，9 岁开始公正判断才逐渐显示出优势。张卫（1996）通过对 5~13 岁的少年儿童进行两难故事情境的模拟，最终的研究结果同样证实了李伯黍的道德和权威发展理论。张卫认为，当正义与权威发生冲突时，少年儿童自身的道德和权威将经历以下 3 个阶段：无法区分权威与正义阶段、平衡权利和劣势的公平阶段、基于自身权利和意识的公平阶段。安秋玲（2003）结合我国的基本国情，使用两难故事法，在前人理论的基础上进一步展开对少年儿童权威认知的研究，最终将少年儿童权威认知发展划分成 4 个阶段：阶段一为外部信息定向水平；阶段二为工具价值定向水平；阶段三为个人自我定向水平；阶段四为协调水平。从前人相关的研究内容可以看出，少年儿童的权威认知水平随着年龄的增长而趋于提高，这表明少年儿童开始更加关注自身需求，导致权威的作用开始减弱。但是，有关如何划分少年儿童权威认知发展阶段的方法，在目前的研究中还存在一定争议。出现这种问题可能是由权威认知的发展趋势不具有跨文化的普遍性导致的。

二、教师权威认知的影响因素

（一）权威人物特征

权威特征就是指权威人物所具有的，可以使其具有权威性的具体特征。一些研究认为，权威人物特征的认知受文化因素的影响，不同文化背景的少年儿童之间存在着认知差异（吴秋平，2020）。达蒙等（1977）的研究发现，少年儿童在进行权威特征判断时考虑的因素很多，例如：权威的成人身份、知识、取得的成就或社会地位等（Windmiller M., et al.，1980）。皮亚杰随后提出，少年儿童的权威人物特质认知基于成人的体积、年龄等身体特征（皮亚杰，1984）。在此基础上，劳帕等（1994）对美国少年儿童的权威人物特征认知展开了研究，结果发现，少年儿童在进行权威判断时，最主要的影响因素是社会地位，其次是知识，同时具备社会地位与知识的人更容易成为权威。张卫等（1995）的研究结果同样表明，随着年龄的增长，无论是国内少年儿童还是国外少年儿童，在权威判断中对成人身份的看重逐渐降低，同时开始更加看重成人的社会地位。此外，关于少年儿童在道德模糊事件中的道德判断研究显示，少年儿童对于成人的身份和知识等十分看重（李莹丽，吴思娜，2002）。

（二）权威命令的类型

学生并不总是服从权威者的命令，权威者下达的不同类型的命令也会影响少年儿童的权威判断。达蒙（1977）在他的研究中发现，少年儿童对不同类型的权威命令会做出不同的判断，比如说，少年儿童会接受不准偷窃或停止打架等合理命令，而不会接受权威者发出的不合理命令（如伤害他人）。劳帕等（1995）通过比较不同年龄段儿童对权威命令的服从情况，同样证实了大部分学龄儿童对成人不合理的命令会做出不服从的反应。这与上文中权威认知的发展趋势一致，即少年儿童最初处于权威定向水平，对权威的评价随着年龄的增长开始逐渐客观。

（三）权威问题发生领域

权威问题发生领域最初划分为社会领域、道德领域和心理领域 3 类领域类型（Smetana J. G., et al., 1994）。后续研究者在这 3 类权威事务领域类型的基础上，进一步划分为道德事务、交往领域事务、社会事务、复杂事务、安全健康事务和个人事务等 6 种事务类型。研究表明，少年儿童希望能够具有更多的自主选择权，他们认为自己能够独立处理个人事务领域方面的问题（Fuligni A. J., 1998）。与此同时，张卫等（1995）对中国少年儿童同样展开了问题领域的研究。结果表明，中国少年儿童对权威的整体认同感要高于美国少年儿童，具体表现为中国少年儿童对于父母权威在各领域（如道德、社会事务）的认可度比美国少年儿童高，这可能是因为中国的传统价值观念中更加看重集体而非个人。随着社会的发展，中国传统的价值观念也开始转变。中国家长逐渐开始重视对少年儿童自主意识的培养，中国少年儿童对自主权的需求也较之以前更加强烈（Helwig C.，2003）。

（四）权威所处社会情境

作为一种社会关系，权威会随着社会状况的变化而改变，在不同的社会状况下，就算是同一权威人物少年儿童也会产生不同的认知。有研究者发现，低年级的少年儿童更有可能接受权威在校外的命令或规则，而高年级学生则更可能反对权威在校外的命令或规则（劳帕，1995）。劳帕的研究表明，父母权威比学校权威的命令更具有跨情境性（Tisak M.，2000），即在学生看来，父母权威的命令能够适用于学校、生活或是家庭中，但学校权威的命令仅适用于学校内。不过，当学校权威与父母权威发生冲突时，学生更容易服从学校权威。母亲在家里比在学校更具权威，而教师在学校比在家里具有更多的权威。父母权威和教师权威在当学生违反道德或不遵守社会规则的命令中均表现出跨情境性（安秋玲，陈国鹏，2003），这表明权威所在的社会情境与权威问题发生领域之间也存在着相互作用。当然，少年儿童的应对策略也会在面对不同的权威情境下进行调整。例如，安秋玲等研究发现，少年儿童在更大程度上使用沟通和协商策略去面对父母权威的命令内容，而面对成人或学校权威时，少年儿童更可能服从（吴兰花，2003）。

（五）文化因素

一般认为，处于集体主义文化中的少年儿童更信奉权威，处于个体主义文化中的少年儿童更具有独立性（Kang Liying，2003）。但是，相关研究结果却有所不同。例如，中国少年儿童更愿意在有同龄人的情况下做出自己的决定，反对成人权威的决定，而对加拿大少年儿童的研究发现，加拿大少年儿童在某些学校课程中更支持成人权威的决策。这与以往研究者的猜测有所不同，对此研究者是这样解释的：中国传统家庭强调等级制度，父母权威对少年儿童拥有绝大部分的控制，所以中国少年儿童对自主权有着强烈渴望；而西方社会则刚好相反。其实当前中国的社会关系已经发生了很大变化，少年儿童的权威观念已经发生改变，父母也开始更加尊重少年儿童的选择（徐琴美，袁庆华，2003）。

（六）少年儿童的人格特点

少年儿童自身的人格特点也会影响权威认知。徐琴美等的研究表明，高、低焦虑人格特质会影响少年儿童的教师权威认知（安秋玲，2001）。也就是说，高焦虑少年儿童对教师权威认知主要表现为不服从，而低焦虑少年儿童对教师权威认知则表现为相对服从。研究还发现，焦虑水平对权威认知的影响只存在于男生身上，这意味着女生不会受到焦虑水平的影响。这说明少年儿童的焦虑水平是否影响权威认知和性别有关。

上述 6 个因素对权威认知都会产生影响，不过这些因素共同影响少年儿童的权威认知，并不是独立影响少年儿童的权威认知的，这能够通过社会情境的相关研究得到证实。权威者跨情境化程度在不同问题领域中确实存在差异，但是不同问题领域和命令类型有时也会相互影响，共同对少年儿童的权威认知产生影响。

三、少年儿童教师权威认知的相关研究

（一）少年儿童教师权威认知的特征

目前，关于教师权威认知的研究结论尚未取得一致。有研究者认为教师权威较其他权威更具有情境局限性。例如：劳帕（1994，1995）的研究表明，儿童认为老师并不能在除学校以外的其他地方制定规则和发

布命令。但也有研究者持不同的意见。Tisak（1986）提出儿童对外界环境持整体性观点，即教师在学校中的权威更大，父母在家庭中的权威更大。同时他还指出，在要求儿童应该遵循的社会习俗和规则的内容时，教师权威和父母权威制定的内容或规则均表现了某种一致性，具有跨情境性。安秋玲（2001）研究发现与对父母权威的态度不同，儿童在与教师权威发生矛盾时，儿童更愿意表现得服从而不是违背。她认为这是由于儿童受师生关系传统的教育以及儿童自身对教师知识水平的尊重。章菁菁（2009）研究了 6~8 岁儿童的权威认知情况，研究结果表明在学校情境中，儿童容易将教师权威与学习情况结合起来，因为教师更多代表了知识权威，害怕不服从教师权威会影响自己在学校的学习成绩，所以对教师权威服从程度更高。从玉燕（2013）的研究表明，不同年级的学生对教师权威的认知随年龄增长，表现为从服从向不服从方向发展的趋势。平和光等（2015）研究了农村初中生的教师权威认知状况，结果表明农村初中生教师权威认知发展水平与年龄有正相关关系，随着年龄从服从向不服从的方向发展。该结果与皮亚杰的认知发展理论分析的道理一致，初中学生正处于形式运算阶段，思维逐渐脱离具体的事物，具备了假设演绎推理能力，自主性极大地发展，随着年龄的增长，学生的思维更具独立性和批判性，学生自我意识、自主性展现的欲望更加强烈，他们更加重视从自我而非别人的角度来看待问题，并考虑多种复杂因素去分析解决问题，对老师不再言听计从，甚至在很多问题上表现为违背。

（二）少年儿童教师权威认知的研究方法

1. 两难故事研究法

从达蒙（1977）采用道德两难问题对儿童的权威认知进行测量以来，后来的研究者大多沿袭了这一方法。张卫等（1995）运用改编于道德两难故事的情境对儿童进行测量。安秋玲和陈国鹏（2003）也曾改编适用于国内儿童的道德两难故事对不同年龄的儿童进行权威认知的测量。张凤等（2016）采用两难故事情境对儿童的教师权威认知进行评估。道德两难故事研究法的优势在于：问题并不存在对错之分，因此可以测量出儿童的真实想法，并且在选择上具有一定的困难，可以有效地测量出儿童权威认知的发展水平，而不受其他无关因素的干扰。

2. 问卷法

国内研究者张日昇等（2003）编制了《教师权威认知问卷》，该量表共有 27 个项目、6 个维度，分别是师德与知识、个人生活、处理方式、情感、道德和规则。这 6 个维度又分为影响教师权威的主观和客观方面，主观方面由师德与知识、处理方式和情感组成，客观方面由个人生活、道德和规则组成。该问卷在选项上采用的是 5 选 1 等级排列，分别为完全服从、较服从、不一定服从、较不服从、完全不服从。计分采用的是 5 点评分法，按照"完全服从=5、较服从=4、不一定服从=3、较不服从=2、完全不服从=1"的方式来计分。经检测其内部一致性信度为 0.828。

从以上文献综述中可以看出，从权威认知研究的兴起到现在，研究取得了诸多的成果，包括在权威认知的发展、权威认知的影响因素等方面都有了很大的进展。但是仍然存在着一些问题：首先，研究方法上比较单一，表现在所采用的方法多是设定两难故事情境，采取临床谈话法考察儿童对故事中权威人物的行为、指令的认知与遵从。其次，两难故事情境不能完全代表真实的生活情境，并且在两难故事情境中，儿童对权威命令的认知及对权威的服从与其具体的行为之间并不存在必然的一致性。最后，在研究内容上，以往研究多是考察儿童对父母权威、道德权威的认知，较少涉及儿童对教师权威的认知。

四、少年儿童的教师权威认知与其利他行为的关系

（一）利他行为的概念

作为一种常见的亲社会行为，利他行为主要体现为行为动机是无私、不需要回报的，这种行为本身不是出于自身利益的考量，而只是为了他人的利益行动，单纯地试图去帮助他人。在后续的研究中，研究者对利他行为给出了更为广泛的定义，它们可以包括两种类型：无私、不求回报的行为和具有个人意图的帮助行为。该研究主要通过一些量表或者问卷设置一个助人情景，让被试选择是否能够提供帮助或者提供帮助的可能性多大，或者通过被试提供助人金额的大小，助人时间的长短来衡量助人行为。例如，Oswald 等（1996）的研究中，让被试观看一段视频后填写自己自愿提供帮助的时间，并以此为依据来测量助人行为。Nelson（2015，2016）在他的研究中通过给个体阅读一段公交车让座的短文，然后来考察被试的助人意愿。具体方法是让大学生阅读这样一段文字："一个老奶奶登上了一个拥挤的公交车，你刚好也在车上。车上已经满座，很多人站着也没有位置，此时你正好有一个位置，你给这位老奶奶让座的可能性有多大呢？"被试从 1~15 等级中进行选择，1 代表可能性很低，15 代表可能性很大。Nelson 认为通过该测试能够较好地测出被试的助人水平，依据是：该测量方式提供了一个助人水平中等程度的参照点，并且这种方式提供了所有的被试都属于的群体，对每个个体都是公平的。利他行为任务实验范式比较经典的有慈善捐助、情景求助任务和冒烟事件。Cacia 等（2002）认为虚拟或者真实的慈善任务都可以用来测量人们的助人行为。实验中他们让被试阅读以下内容："假设你已经从大学毕业多年，在你每年的收入中，您愿意将多少收入捐献给慈善事业。"从被试选择的捐献收入百分比的高低可以看出被试助人水平的差异，选择捐献收入的百分比越低就表示助人水平越低，百分比越高表示助人水平越高。

情景求助任务中 Cacia 也是通过助人时间来测量的，不同于助人态度的测量，这里设计的情景是真实的，或者让被试认为是真实的，但之后会告诉被试实验的目的。冒烟事件被用来研究个体和群体的助人行为。Latane 等（1968）的研究把被试分配在几个不同的房间，有些房间只有一个被试，有些房间有好几个被试一起。接下来研究者给这些房间灌硝烟，研究者通过被试报告这些房间着火的时间快慢来研究助人水平，结果发现单独的被试比群体的被试有更高的助人水平。说明他人的存在会分散责任，减少利他行为。

（二）利他行为的影响因素

Staub（1979）认为任何行为的影响因素都是多方面的，利他行为是助人者与受助者的个体特征和情境因素交互作用的结果。综合关于利他行为影响因素的研究，发现主要影响因素来自 3 个方面：利他行为者自身因素、求助者特征以及情境特征。

1. 利他行为者自身因素

（1）利他行为自身的观点采择和共情能力。个体具备比较强的认知技能才有可能产生利他行为，观点采择便是一种重要的认知技能手段。观点采择指个体站在他人的立场或角度，对他人想法和态度理解与推断的心理过程。Gaesser 和 Schacter（2014）认为个体在想象助人的情景或者回忆帮助他人经历的过程中表现出更多的利他行为是由于个体对他人的观点有着更深刻的认知和体会。孙炳海（2011）指出观点采择能力强的个体，利他行为的频率更多。丁凤琴（2016）指出共情对个体做出利他行为有重要的影响。罗跃嘉等（2008）指出共情就是我们通常所说的"感同身受"，指个人对他人情绪和想法的理解及感受，它在人类个体和社会的发展中有着十分重要的作用。对儿童的亲社会行为的实验研究中，研究证实了共情与利他行为有显著的正相关，即共情能力越高，儿童就表现出更多的利他行为（Eisenberg，1982；Strayer，1996）。

（2）情绪状态。个体是否做出利他行为容易受到个体当下的情绪状态的影响。一般来说，恐惧、愤怒的负性情绪容易引发个体的攻击性行为，愉悦、快乐的情绪状态会增加个体的利他行为。但并不是所有的消极情绪都与攻击性行为有关。张晓贤等（2012）采用现场实验的方法研究了少年儿童内疚情绪与利他行为的关系，发现儿童的消极情绪能够增加利他行为，但是前提是儿童能够将注意力集中在他人身上。

2. 求助者因素

求助者的因素也会影响利他行为，人们喜欢帮助与自己有共同点的人，共同点越多越愿意为其提供帮助。也有研究表明，有吸引力、有魅力的人更容易得到他人的帮助（Emswiller T., et al., 1971）。Eagly Crowley（1986）发现女性更容易得到帮助，因为女性往往比较柔弱、威胁性低，因此当人们同时面对一位男性求助者与一位女性求助者时，更愿意为女性求助者提供帮助。当面对身陷困境的对象时，人们倾向不愿意帮助那些因为自己原因造成目前困难的对象，而更容易帮助那些目前所处的困难处境并不是因为他们自己原因所造成的人。

3. 情景特征

（1）旁观者效应。Latane 和 Darley（1970）的研究发现，旁观者的在场会减轻个体产生利他行为的责任，使个体减少自己的利他行为，或者需要较长时间才能做出利他行为反应。Latane 和 Darley（1968）发现旁观者在场时利他行为将减少。当只有被试一个人在场时，80%的人会给予求助者帮助；而当有他人在场时，只有31%的人会给予帮助。这种"旁观者效应"的本质是旁观者在场，造成了责任分散，即他人在场将减少个体感知到的责任感而最终导致利他行为的减少。

（2）时间因素。Darley 和 Batson（1973）研究发现时间紧迫的条件下，个体容易忽视需要帮助的他人。研究者设置了一个老人跌倒在路旁，通过观察发现时间紧迫的被试不会停下脚步帮助老人，而时间较为宽裕的被试则会积极施予帮助。但也有研究者得出了相反的结论，即时间压力情景会激发人们的利他行为（Rand, et al.，2012；Mischkowski, et al.，2016）。

（3）外部情景因素。研究者表明外界情景因素能够影响利他行为。相比起危险的情境，个体更愿意在安全情境中做出利他行为。研究发现，被试在阳光灿烂、温度适宜的日子比天空阴沉、飘着毛毛细雨的日子有着更高的助人意愿。

（三）教师权威认知与利他行为关系

巴森（1991）认为社会认知和相关的社会认知技能的发展，特别是观点采择能力和移情能力的发展，能够明显促进人们的利他行为反应。艾森伯格等（1986）认为亲社会经验可以提高少年儿童的社会认知能力。霍夫曼（1988）发现提高少年儿童观点采择能力，不但能使他们体验到自己与他人的痛苦程度，而且还能较好地领悟到他人的情绪反应。因此，少年儿童认知能力的提高将促进同情心、同理心的发展，从而促使少年儿童产生较多的利他行为。一些研究人员通过提高少年儿童观点采择能力来研究他们亲社会行为的发展。通过让学生角色扮演助人者或被帮助对象，Staub（1971）发现少年儿童之间的亲社会行为会显著增加。

还有研究者发现道德推理和亲社会行为之间有着某种联系。柯拉博等（1994）发现，处于道德推理的高级阶段更有可能导致亲社会行为，因为比起低级阶段，处于道德推理的高级阶段可以导致更强的责任感。普拉特等（2004）研究发现，道德推理和利他行为之间的关系会随着年龄的增长而趋于丰富。张伟等（2014）采用 IAT 测验探讨了学生内隐利他行为的情境效应，研究结果表明，学生在道德情境下比能力情境下更容易产生利他行为。廖全明（2014）在研究中发现，权威确实与亲社会行为有关，这具体体现为不同类型的权威命令会对少年儿童的亲社会行为产生不同的影响。少年儿童处于更高的道德认知发展水平上，具体体现为这部分学生具有更高的社会认知水平。

以往的相关研究证实，道德规则认同对于人们的利他行为发生、发展具有非常重要的作用。具有道德认同倾向的个体更容易做出利他行为（Aquino，et al.，2009）。Aquino 等（2011）发现，道德认同在特殊的情境中可以被启动，道德认同启动的被试利他行为明显增多。王兴超和杨继平（2013）通过问卷考察了某高校学生道德认同与其亲社会行为水平之间的联系，结果显示，道德认同水平的提升有助于其亲社会行为水平的提高。也有相关研究证实，道德认同水平相对高的个体，更可能在特定的情境中实施利他行为（Hardy, et al.，2015；Hertz, et al.，2016）。

从以上文献中可以看出，儿童的亲社会行为和社会认知、道德推理及道德认同息息相关，那么儿童的教师权威认知作为社会认知中社会关系认知的一部分，同时也是儿童道德阶段性发展的重要标志，是否也在一定程度上影响着儿童的亲社会行为，是值得进一步研究的。本书仅以亲社会行为中出现较早的利他行为为例，探讨儿童教师权威认知的发展状况及教师权威认知对利他行为的影响。

通过文献综述内容可知，国内外学者在权威认知和利他行为领域已开展了大量研究，并取得了许多有意义的研究结果，为后续的研究提供了理论支撑和实际指导。但还存在以下不足：第一，在研究内容上，国内外的研究者关于权威的研究内容多集中在父母权威、同伴权威或者成人权威等方面，对于教师权威的关注较少。因此，本研究从这一角度出发，研究在学校教育中较为重要的教师权威，探讨少年儿童对于教师权威认知的发展状况。另外，虽然对社会认知和亲社会行为的研究较多，但缺乏对教师权威认知发展对亲社会行为的影响研究，对于儿童发展十分重要的教师权威认知，值得进一步研究它对少年儿童亲社会行为的影响。第二，在研究对象上，国内外研究者针对少年儿童的研究比较少，且这部分研究大多只是选取其中某一年龄段。因此，本研究以少年儿童这一群体作为研究对象，研究少年儿童教师权威认知的发展状况。第三，在研究工具上，有研究者编制了教师权威认知问卷，但是该问卷并不适用于本研究的被试，少年儿童因为其年龄较小，不一定能够理解到问卷的真正含义，且该问卷编制的年代较为久远，不一定符合当前时代的实际情况。

通过查阅文献和理论分析，我们了解了少年儿童教师权威认知的研究背景和研究现状。首先，从四川成都温江区的小学选取研究被试，采用开放式和封闭式两种问卷形式对少年儿童的教师权威认知情况进行较为系统的调查与分析，完成少年儿童教师权威认知两难故事问卷的编制，为后续的研究提供研究工具。其次，在自制的两难故事问卷基础上，探讨少年儿童教师权威认知的发展特点，还为研究三的实验研究提供基线。最后，在前两个研究的基础上，运用实验的方法，进一步研究教师权威认知与利他行为的影响，为促进少年儿童产生更多的利他行为提供相应的理论支撑。

本研究拟结合当前实际，编制少年儿童教师权威两难故事问卷。首先，该问卷可以为日后其他研究者的相关研究提供一定的帮助，以了解少年儿童教师权威认知的发展水平，既可以补充社会认知领域的研究资料又可以帮助教育者了解少年儿童教师权威认知的发展特点和规律，让少年儿童在对教师权威保持合理认识的基础上，增进少年儿童的自我意识和自主活动能力。其次，有助于揭示少年儿童的社会心理发展状况，为学校德育工作的顺利开展提供理论基础。最后，还可以弥补权威认知对亲社会行为影响的相关研究较少的不足，丰富国内外关于教师权威认知的研究内容，为促进少年儿童产生更多的利他行为提供理论依据。

少年儿童的社会化发展一直受到社会各界的重点关注，同时也是研究者重点研究的领域。研究小学教师权威认知的发展特点，可以更好地为少年儿童的发展提供更多的理论支撑，为学校提供更多的参考材料，同时为培育少年儿童的亲社会行为提供相关的理论依据和实证依据。培养少年儿童教师权威认知能力，能够促进少年儿童的社会化发展进程，使少年儿童的发展更加符合社会规范。

第二节　少年儿童教师权威认知两难故事问卷的编制

通过对国内外相关研究的梳理发现，以往关于权威认知的研究主要采用两种研究方法：第一是问卷法，但是由于本研究的对象为少年儿童，其不一定能够理解问卷的含义；第二是两难故事研究法，但是纵观国内外的有关研究，并未发现有关少年儿童教师权威认知的两难故事问卷。因此本研究想要在借鉴以往研究的基础上，通过收集有关教师权威的两难故事，初步编制少年儿童教师权威认知两难故事问卷，测量少年儿童教师权威认知的发展状况，希望能够为少年儿童个性化、社会化发展，以及心理健康的发展提供一些可供借鉴的材料。

一、研究对象

被试是来自四川省成都市温江区四至六年级的小学生，考虑到小学一年级学生语言理解能力和表达能力的局限性，所以最终并未抽取小学一年级学生作为研究被试。将来自二至六年级的被试分为教师权威认知故事收集群体以及教师权威认知初始问卷验证群体，在小学 2~6 年级中的每个年级选取一个班级，取样方法均为整体取样法，其中在二年级的班级中再次采取随机取样的方法抽取 20 个人。两个群体的被试具体情况如表 2.1 和表 2.2 所示。

表 2.1 小学生教师权威认知两难故事收集群体被试基本情况

年级	二年级	三年级	四年级	五年级	六年级	总计
女	8	22	16	21	25	92
男	12	24	23	28	24	111
总	20	46	39	49	49	203

表 2.2 小学生教师权威认知两难故事验证群体被试基本情况

年级	二年级	三年级	四年级	五年级	六年级	总计
女	9	20	17	23	22	93
男	11	21	24	19	27	110
总	20	41	41	42	49	193

二、研究过程

（一）少年儿童教师权威认知两难故事的编辑

参照张日昇等的研究，本研究收集整理教师权威认知两难故事，采用开放式问卷测量少年儿童教师权威认知水平，回答方式是直接在问卷空白处答题，其中小学二年级学生因为语言理解和表达能力有限，故采取一对一访谈的方式进行资料收集。如果开放式问卷中少年儿童回答的是和教师权威无关的内容，则记作其他类型。依据收集回来的学生反馈，将小学生教师权威认知调查内容界定为以下几个领域：权威特征认知、权威发生领域与权威命令合理性。尽管收集到的资料里面还包含有其他权威类型，但总体比例仅为 13.86%，因此可以忽略不计，而权威特征认知、权威发生领域以及权威命令合理性这 3 种不同的教师权威类型在问卷中作答的情况都超过了 70%。最终回收了 203 份问卷。根据学生的作答是否存在漏答乱答等情况，筛选出有效问卷 188 份，问卷回收有效率为 92.61%。基本情况如表 2.3 所示。

表 2.3 教师权威认知类型的基本情况（N=188）

教师权威类型	权威特征认知	权威发生领域	权威命令合理性	其他类型
数 量	137	159	153	26
比 例	73.08%	84.94%	81.33%	13.86%

（二）教师权威认知两难故事的选择

根据两难故事设计编辑的原则，即两难、典型、领域 3 个原则，主要体现为少年儿童在选择时感觉模棱两可、难以取舍，题目内容贴近小学生的实际生活，并且不涉及明显的对错（安秋玲，陈国鹏，2003），通过筛选国内外经典的两难故事，最终产生了 15 个候选的两难故事。请从事语文相关教学工作的老师，对 15 个候选两难故事进行语法内容上的修改，确保语句通顺，内容易懂。按照内容效度评定的标准，请 7 名心理学专业的研究生对产生的 15 个候选两难故事进行评定，评定的内容为 0（完全不符合两难情境）~7（完全符合两难情境）等级。

内容效度比公式如下：

$$CVR = \sum (N_i - N/2)/(N/2)$$

式中，CVR 为内容效度比；N_i 为专家中认为某项目代表了相应测验内容的人数；N 为参加评定的专家的总人数。

参照孙少英研究中内容效度的评定标准，内容效度比按照低于 0.5 的标准对两难故事进行筛选，并加以剔除，具体如表 2.4 所示。所以在最终得到的教师权威认知两难故事初始问卷中，保留权威特征认知中的故事 1（1），1（3），1（4）；权威发生领域中的故事 2（2），2（3），2（5）；权威命令合理性中的故事 3（2），3（3），3（5）。根据筛选结果，3 种教师权威类型中各保留 3 个故事，一共 9 个故事，构成了教师权威认知的初始问卷。

表 2.4　各权威关系两难故事的内容效度比

内容	（1）	（2）	（3）	（4）	（5）
权威特征认知效度比	0.63	0.23	0.55	0.59	0.35
权威发生领域效度比	0.18	0.67	0.55	0.1	0.59
权威命令合理性效度比	0.47	0.55	0.63	0.47	0.63

注：1 代表权威特征认知；2 代表权威发生领域；3 代表权威命令合理性。

（三）教师权威认知两难故事初始问卷的验证

使用教师权威认知两难故事初始问卷进行验证。在初始问卷中的两难故事分别设置 2 个问题，问题 1 为小学生在题目选择上是否出现了犹疑困惑，问题 2 为选择犹疑困难的程度。如果少年儿童认为作答问题 1 时没有选择困难，就不用做问题 2，问题 2 直接记作 0 分；如果少年儿童在作答问题 1 时认为题目选择存在困难，那么继续做问题 2。使用 Likert 五点量表进行计分，1~5 表示选择困难程度递增。将回收的数据录入 SPSS22.0 软件，进行统计分析（见表 2.5）。

表 2.5 教师权威两难故事初始问卷验证情况

教师权威 认知关系	权威特征 认知	权威发生 领域	权威命令 合理性
故事 均值	1（1）1（3）1（4） 3.06　2.67　2.98	2（2）2（3）2（5） 2.83　2.64　2.92	3（2）3（3）3（5） 2.79　2.55　3.15

保留均值高的题，因为均值越高，说明少年儿童在选择的时候越困难，这符合两难故事设计的原则。因此，最终形成的教师权威认知两难故事问卷中，保留权威特征认知两难故事中的 1（1）"小红该不该提前走？"，1（4）"涵涵该不该回教室？"，权威发生领域两难故事中的 2（2）"瑞瑞该不该把钱留下？"，2（5）"婷婷该不该骑自行车回家？"以及权威命令合理性两难故事中的 3（2）"小王该不该开读书会？"，3（5）"小东该不该上自习？"对两难故事问卷中的 6 个故事得分进行分析，计算出其 Cronbach's 系数为 0.79，说明问卷信度良好。再计算不同权威类型的两难故事得分中与总分之间的相关，计算其结构效度，详细内容如表 2.6 所示。

表 2.6 教师权威认知中两难故事中不同类型得分与总分的相关系数

系数	权威特征认知	权威发生领域	权威命令合理性
总分	0.90***	0.91***	0.88***

注：*表示 $p<0.05$，**表示 $p<0.01$，***表示 $p<0.001$。

由表 2.6 可以看出，3 种不同权威类型中的两难故事与总分的相关均高于 0.85，说明该量表的结构效度良好。

（四）问卷计分

1. 少年儿童教师权威服从情况的计分方式

参照林俊杰（2015）的研究，每个两难故事包括 3 个问题：问题一你认为故事中的小学生会如何做？问题二你认为故事中的小学生心里是怎么想的？问题三你认为故事中的老师发现小学生这样做，对小学生的做法是怎么想的？对小学生在问题一中作答的内容进行编码，服从计 0 分，不服从计 1 分。

2. 少年儿童教师权威认知的计分方式

本研究参考安秋玲研究中的计分方式，对小学生在问题二和问题三中的作答内容进行编码计分，通过小学生的作答内容，依据具体情况分析归类到外部诱因、权威定向、侥幸心理、功利定向、个人权利、个人发展定向、协调一致 7 个认知表现类型里面。其中，第一阶段的发展水平包括外部诱因和权威定向，这表示小学生的行为只受外部信息的诱导或者权威命令的影响。例如"我只想回家玩游戏""如果不听老师的会被老师责骂"。第二阶段的发展水平包括侥幸心理和功利定向，这表示小学生不服从权威是心怀侥幸，觉得不会被发现，或者开始有条件地服从。例如"老师表扬我拾金不昧，我就把钱还给失主""我骑车很小心不会出事儿"。第三阶段的发展水平包括个人权利和个人发展定向，这表示小学生开始考虑自己的权利和权益，而不再是单纯地听从权威的命令。例如"读书是好事，能够提高我的写作水平""骑车上学是我的自由，老师没有权力干涉"等。第四阶段的发展水平就是协调一致水平，这表示少年儿童能够通过与权威人物协商来达到心中想达到的目的，例如"我可以和老师沟通，读书是好事，您不是鼓励我们多读书吗"。其中，第 1 阶段的发展水平：权威定向记为-1，外部诱因定向又称外部信息定向水平，记为+1；第 2 阶段的发展水平：功利定向记为-2，侥幸心理定向又称工具价值定向水平，记为+2；第 3 阶段的发展水平：个人发展定向记为-3，个人权利定向又称个人价值定向水平，记为+3；第 4 阶段的发展水平：协调

一致记为 4。负数与正数仅代表同一个水平中的不同方向，正负号本身没
有大小之分。总分取每个故事绝对值之和的平均数，分数绝对值越高，
则代表其所处的教师权威认知发展水平越高。

参照上述计分标准，请两位心理学专业的副教授（专家）对学生作
答内容进行编码，当编码不一致时由两人进行讨论确定，直到得到一致
的结果。计算 3 种不同权威类型的评分者信度系数，即两个评分者数据
之间的相关系数，具体内容如表 2.7 所示。

表 2.7 教师权威认知计分评分者信度系数

权威类型	权威特征认知	权威发生领域	权威命令合理性
信度系数	0.96***	0.96***	0.97***

注：*表示 $p<0.05$，**表示 $p<0.01$，***表示 $p<0.001$。

由表 2.7 可以看出，评分者信度系数达到了显著水平，可以采用两人
共同编码的形式，当编码不一致时则由两人讨论得出结果编码形式。

三、讨论

在针对少年儿童教师权威认知两难故事的研究过程中，少年儿童在
过程中表现出以下 3 个特点。

（一）教师权威两难故事内容的现实化和真实性

在收集回来的开放性问卷中，可以发现少年儿童在问卷中的作答内
容具有现实化和生活化的特点，如"我听班主任的话，不听体育老师的
话"。而在具体描写当发生令他们感到为难的事情他们的应对时，很多孩
子会举手悄悄询问研究者，确定他们的回答内容是否会被科任老师看到，
当研究者反复表示问卷是不记名的，并且会回收带走，不会被科任老师

看到时，他们才会继续作答。由此可见，收集回来的资料是真实可信的。

（二）教师权威类型的多样性

研究者在一开始就向少年儿童阐明只写与教师相关的内容，因此少年儿童的回答内容十分典型。在少年儿童回答与教师权威类型有关的信息中，少年儿童作答中出现得最多的内容是有关权威命令的合理性，即少年儿童会对教师的命令进行自己的价值判断，选择自己认为是合理的命令听从。教师的地位、知识水平、性格等在少年儿童的描写中出现的频率也很高。同时关于权威发生领域涉及的也很多，少年儿童倾向在安全领域和道德领域听从老师的话，但是涉及个人事务领域时，少年儿童会认为这是属于自己个人的事情，与老师无关。在这部分内容的回答中，很多孩子写得十分详细，甚至会描写自己的心理活动，如"我觉得这是我自己的事情，不需要听老师的话"。从收集到的资料来看，这体现了教师权威类型的多样性。

（三）命令合理性是少年儿童描述中出现最多的权威类型

在开放性问卷的作答过程中，大多数少年儿童在作答中会涉及自身对教师命令合理与否的判断。例如"如果老师的观点是错的就不需要听老师的话"。劳帕研究发现，所有学龄儿童在研究过程中均对教师的不合理命令进行反对，这与权威认知水平的发展趋势相一致，少年儿童对权威的评价随着年龄的增长变得逐渐客观。

编制完成的少年儿童教师权威认知两难故事问卷，具体可分为权威特征认知、权威发生领域和权威命令合理性 3 种教师权威认知类型，经过研究验证该问卷信效度良好。

第三节　少年儿童教师权威认知的发展特点

对相关文献的梳理发现，有关教师权威认知的研究较少，且研究对象很少为少年儿童。所以本研究拟在前人研究的基础上去探究少年儿童教师权威认知的发展特点。

一、研究方法

（一）研究被试

被试是来自四川省成都市温江区的二至六年级小学生，采用整群抽样的方式，在温江区抽取了 3 个小学，分别在这 3 个小学二至六年级各抽取一个班级，其中二年级由于语言理解能力有限，故每个班级又采用随机取样的方法抽取 10 个学生。共计 590 名被试，其中男生 312 名，女生 278 名，具体被试情况如表 2.8 所示。

表 2.8 被试基本情况统计表（N=590）

年级	人数	男	女
二年级	30	17	13
三年级	165	84	81
四年级	108	62	46
五年级	188	96	92
六年级	99	53	45
总计	590	312	278

（二）研究工具

采用前述研究编制的少年儿童教师权威认知两难故事问卷。问卷包含 6 个故事，其中权威特征认知、权威发生领域、权威命令合理性各包含 2 个故事，并请从事美术专业的教师为 6 个故事绘制了相应的图片，以便正式施测过程中低年级儿童更容易理解两难故事问卷中的内容。

（三）研究过程

在这项研究中，协助研究的研究人员接受了统一培训，主要包括理解研究内容、指导语和研究过程中题目统一的阅读方法，以及对少年儿童可能提出的问题的综合回答。培训的目的是使整个研究过程规范化，避免因为外部因素造成的研究误差。研究问卷均当场回收。

二、结果与分析

（一）少年儿童对权威认知维度回答情况的描述统计分析

针对小学生权威服从情况的选择频次进行卡方检验，具体情况如表 2.9 和表 2.10 所示。

表 2.9 不同性别小学生对于权威服从情况的频次分布人数（频数）

权威服从情况		男生	女生	合计	卡方检验		
					χ^2	df	p
权威特征认知	服从	45(0.73)	407(0.74)	864(0.73)	0.138	1	0.71
	不服从	171(0.27)	145(0.26)	316(0.27)			
权威发生领域	服从	522(0.83)	476(0.86)	998(0.85)	2.179	1	0.14
	不服从	106(0.17)	76(0.14)	182(0.15)			
权威命令合理性	服从	338(0.54)	289(0.52)	627(0.53)	0.254	1	0.614
	不服从	290(0.46)	263(0.48)	553(0.47)			
合计	服从	1 317(0.70)	1 172(0.71)	2 489(0.70)	0.318	1	0.573
	不服从	567(0.30)	484(0.29)	1 051(0.30)			

由表 2.9 可以看出，小学生不同性别之间的服从比例差异并不显著。总体来说，女生对权威的服从情况略高于男生，具体到 3 个权威类型维度中来看，权威特征认知和权威发生领域下，女生的服从情况高于男生，而权威命令合理性下，女生的服从情况要低于男生。

表 2.10 不同年级小学生对权威服从情况的频次分布人数（频数）

权威服从情况		二年级	三年级	四年级	五年级	六年级	合计	χ^2	df	p
权威特征认知	服从	47 (0.78)	250 (0.76)	166 (0.77)	266 (0.71)	135 (0.68)	864 (0.73)	7.075	4	0.132
	不服从	13 (0.22)	80 (0.24)	50 (0.23)	110 (0.29)	63 (0.32)	316 (0.27)			
权威发生领域	服从	51 (0.85)	269 (0.84)	189 (0.88)	322 (0.86)	167 (0.84)	998 (0.85)	4.128	4	0.389
	不服从	9 (0.15)	61 (0.16)	27 (0.12)	54 (0.14)	31 (0.16)	182 (0.15)			
权威命令合理性	服从	52 (0.87)	227 (0.69)	122 (0.56)	150 (0.40)	76 (0.38)	627 (0.53)	104	4	0.000
	不服从	8 (0.13)	103 (0.31)	94 (0.44)	226 (0.60)	122 (0.62)	553 (0.47)			
合计	服从	150 (0.83)	746 (0.75)	477 (0.74)	738 (0.65)	378 (0.64)	2489 (0.72)	55.637	4	0.000
	不服从	30 (0.17)	244 (0.25)	171 (0.26)	390 (0.35)	216 (0.36)	1051 (0.28)			

由表 2.10 可以看出，小学生对教师权威的服从情况表现为显著地随着年级的增长而不断下降的趋势，并且小学生对权威的服从情况在不同的权威类型维度下的表现并不相同。在权威特征认知中，小学生的服从情况表现出随着年级的增长而下降的趋势，但是在四年级的时候出现了一次回升；在权威发生领域中，小学生的服从情况随着年龄的增长没有很大的变化；而在权威命令合理性中，小学生的服从情况均表现为随着年级的增长而不断下降的趋势。

从总体来看，小学生对于 3 种不同权威类型维度的服从与否的倾向具有显著性差异（$\chi^2=55.637$，$p=0.000<0.001$）。由表 2.10 的数据可以看出，不同年级的小学生在 3 种不同的权威类型下都以服从为主，其中不同年级的小学生对权威发生类型的服从最多，其次为权威认知特征。但是在五年级之后，不同年级的小学生在权威命令合理性类型下主要表现为不服从。

（二）少年儿童教师权威认知水平的性别、年级差异

对于编码后的少年儿童教师权威认知水平的性别差异和年级差异进行描述统计分析，分析结果如表 2.11 和表 2.12 所示。

表 2.11 不同性别的小学生在不同教师权威类型下认知水平得分的比较 M（SD）
（N=590）

性别	权威特征认知	权威发生领域	权威命令合理性	总分
男	1.89（0.83）	2.04（0.69）	2.00（0.77）	1.98（0.62）
女	2.10（0.87）	2.12（0.73）	2.07（0.78）	2.09（0.66）
总计	1.99（0.86）	2.08（0.71）	2.03（0.78）	2.03（0.64）

从表 2.11 中可以看出，在 3 种不同的权威类型维度下，女生的教师权威认知水平均高于男生。

表 2.12 小学生在不同教师权威类型下权威认知水平得分的比较 M（SD）（N=590）

年级	权威特征认知	权威发生领域	权威命令合理性	总分
二年级	1.30（0.39）	1.27（0.41）	1.22（0.31）	1.26（1.89）
三年级	1.39（0.60）	1.62（0.60）	1.55（0.68）	1.52（0.48）
四年级	2.10（0.90）	2.19（0.70）	1.97（0.75）	2.09（0.59）

续表

年级	权威特征认知	权威发生领域	权威命令合理性	总分
五年级	2.26（0.78）	2.35（0.60）	2.37（0.67）	2.33（0.52）
六年级	2.55（0.71）	2.45（0.56）	2.51（0.56）	2.50（0.42）
总计	1.99（0.86）	2.09（0.71）	2.03（0.78）	2.03（0.64）

从表 2.12 可以看出，小学生教师权威认知水平随着年级的增长而不断上升。在 3 种不同的权威类型维度下，权威发生领域类型下的教师权威认知水平最高，其次为权威命令合理性，权威特征认知类型下的教师权威认知水平最低。

以性别和年级作为自变量，小学生教师权威认知的总分作为因变量，使用双因素方差分析，探讨性别和年级对教师权威认知水平的影响，结果如表 2.13 所示。

表 2.13 性别和年级对小学生教师权威认知总分的影响（N=590）

变异源	F	df	p	η^2	Φ
年级	100.26	4	0.000	0.409	1.000
性别	4.93	1	0.027	0.008	0.601
年级*性别	0.94	4	0.438	0.008	0.300

由表 2.13 可以看出，小学生教师权威认知水平的年级主效应显著 [$F_{(4, 590)}$=100.26，p=0.000<0.001，η^2=0.409，Φ=1.000]，而性别主效应 [$F_{(1, 590)}$=4.93，p=0.027>0.05]，年级和性别的交互作用 [$F_{(4, 590)}$=0.94，p=0.94>0.05]均不显著。

对年级进行进一步的 LSD 事后检验，结果如表 2.14 所示。

表 2.14 不同年级小学生的教师权威认知得分事后多重比较结果

（Ⅰ）年级	（J）年级	均值差（I-J）	标准误	p	95%置信区间	
					下限	上限
二	三	-2.61	0.10	0.083	-0.54	0.02
	四	-0.83	0.10	0.000	-1.12	-0.54
	五	-1.06	0.10	0.000	-1.34	-0.79
	六	-1.24	0.10	0.000	-1.53	-0.95
三	二	0.26	0.10	0.083	-0.02	0.54
	四	-5.66	0.06	0.000	-0.74	-0.39
	五	-0.80	0.05	0.000	-0.95	-0.65
	六	-0.98	0.06	0.000	-1.16	-0.80
四	二	0.83	0.10	0.000	0.54	1.12
	三	0.57	0.06	0.000	0.39	0.73
	五	-0.24	0.06	0.001	-0.41	-0.07
	六	-0.42	0.07	0.000	-0.61	-0.22
五	二	1.06	0.10	0.000	0.79	1.34
	三	0.80	0.05	0.000	0.65	0.95
	四	0.24	0.06	0.001	0.68	0.41
	六	-0.18	0.06	0.040	-0.35	-0.00
六	二	1.24	0.10	0.000	0.95	1.53
	三	0.98	0.06	0.000	0.80	1.16
	四	0.42	0.07	0.000	0.22	0.61
	五	0.18	0.06	0.040	0.00	0.35

从表 2.14 可以看出，二年级与四年级（$p=0.000<0.001$）、二年级与五年级（$p=0.000<0.001$）、二年级与六年级（$p=0.000<0.001$）之间的差异均显著，但是二年级与三年级（$p=0.083>0.05$）之间的差异并不显著，三年

级与四年级（*p*=0.000<0.001）、三年级与五年级（*p*=0.000<0.001）、三年级与六年级（*p*=0.000<0.001）之间的差异均显著，四年级与五年级（*p*=0.001<0.01）、四年级与六年级（*p*=0.000<0.001）之间的差异均显著，五年级和六年级（*p*=0.040>0.05）之间的差异并不显著。由此发现，小学生教师权威认知水平在四年级之前发展迅速，随后保持着平稳发展。具体情况如图 2.1 所示。

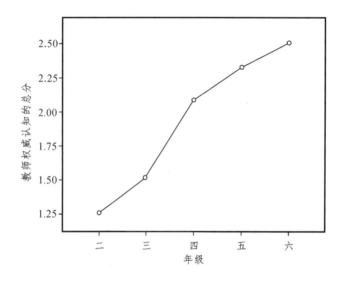

图 2.1 小学生教师权威认知水平的年级差异

三、讨论

（一）对少年儿童教师权威认知维度服从情况发展特点的讨论

本研究的结果表明，总体来说，女生对权威的服从情况要略高于男生，但进一步的数据分析表明男女生的教师权威认知水平并没有显著差异，这可能与性别刻板印象有关。一般认为，女生的自我刻板印象比男生更强。因为性别刻板印象中对女生的要求是乖巧、听话，所以女生可能更倾向服从教师权威。

（二）对少年儿童教师权威认知水平发展特点的讨论

总的来看，小学生教师权威认知发展水平与年龄正相关，具体表现为从服从向不服从方向的发展。这可以用皮亚杰的认知发展理论进行解释，这一阶段的小学生正处于具体运算阶段。该阶段的小学生随着年龄的增长，思维也逐渐走向独立，开始萌生自我意识，对老师的话也不再言听计从。安秋玲等对小学生教师权威行为倾向的研究发现，小学生随着年龄的增长，对权威的认知会从服从向不服从发展。

同时，不同年级的少年儿童对不同教师权威类型维度的服从情况也是不一样的。具体表现为，权威发生领域类型下的教师权威认知水平最高，其次为权威命令合理性，权威特征认知类型下的教师权威认知水平最低。

对少年儿童教师权威认知发展水平的研究结果表明，随着年级的增长，少年儿童教师权威认知也会不断发展，该研究结果与以往研究是相符的。根据安秋玲等（2003）研究中的阶段划分，少年儿童随着年级的增长其发展阶段逐渐由第一阶段向第二阶段发展。值得注意的是：

（1）处于第一阶段的少年儿童，权威定向要多于外部诱因，处于第三阶段的小学生，个人发展要多个人权利。这表明，低教师权威认知水平的小学生更加畏惧教师的权威，而高教师权威认知水平的小学生更多考虑的是自身的权益。

（2）在本研究中处于第二阶段的少年儿童，绝大部分的侥幸心理要多于权利定向。这部分小学生具体表现为内心不服从权威，出于投机取巧或犹豫不决，他们应对教师的策略多数较为灵活，具体采用接受、协商或作假等，但最终还是采用服从的策略。这是因为教师的评价或考核对学生仍具有重要的影响，尽管教师的权威正在逐渐降低，但小学生在行为上大多仍采用服从的策略。

（3）出现了部分小学生在个别题目上的作答能编码到第四阶段，他们会考虑与故事中的教师采用协商策略。虽然从总分上来看，他们的发展还未达到第四阶段，但是这表明了小学生在具体问题中，并不一定局限具体的发展阶段，这也符合心理发展的过程既有阶段性，又是连续不断发展的这一观点。这启示我们在考虑具体问题时，应该把发展的阶段性和连续性统一起来辩证看待，既要考虑心理在生命全程中的持续发展趋势，又要比较不同年龄阶段心理发展的特点。

同时还发现四年级的教师权威认知水平有一个明显的提升，这与许多相关研究结果相符合，少年儿童正处在具体形象思维向抽象逻辑思维过渡的阶段。吴国宏等研究发现，三年级的小学生已经开始进入形式运算阶段，而五年级的小学生才正式进入形式运算阶段，这一研究结果证实了小学生的思维能力过渡存在明显的关键年龄——四年级。从四年级开始，小学生的思维能力开始趋于完善，其辩证思维能力也出现了关键期，处于该年龄段的小学生学会使用逻辑思维来分析服从与否所带来的利弊，希望能够达到自己满意的结果。总的来看，四年级可以看作是小学生教师权威认知水平发展的关键期。

少年儿童教师权威的服从比例呈随年级增长逐渐降低的趋势，值得注意的是，在权威特征认知中，小学生的服从情况在四年级的时候出现了一次回升；不同教师权威类型维度下，小学生教师权威认知的发展表现为随年级的增长而不断提高的趋势。小学生教师权威认知在四年级存在发展的关键期。

第四节　少年儿童教师权威认知对利他行为的影响

对相关研究内容的梳理可以发现，许多研究者（Bason，1991；Eisenberg N., et al.，1986）都倾向认为高社会认知水平的少年儿童会表现出更多的亲社会行为。武侠等（2020）采用情境实验法对 4 年级小学生的共情能力和亲社会行为的关系进行了探讨，结果表明男生的共情能力能够显著地预测其亲社会行为。教师权威认知作为社会认知水平中的重要组成部分，少年儿童的教师权威认知是否会对少年儿童的利他行为产生影响，少年儿童的共情能力是否会对助人产生影响，这些都值得进一步研究。研究假设为：①教师权威认知水平影响少年儿童的利他行为，高教师权威认知水平的少年儿童更容易产生利他行为。②性别影响少年儿童的利他行为，女生更倾向帮助他人。③共情水平影响少年儿童的利他行为，高共情水平的少年儿童更愿意帮助他人。④少年儿童的教师权威认知水平以及性别对于利他行为的影响存在着交互作用，共情和性别对少年儿童利他行为存在着交互作用，共情和教师权威认知水平在少年儿童利他行为上存在交互作用，共情、性别以及教师权威认知水平三者在少年儿童利他行为上存在交互作用。

一、研究方法

（一）研究被试

从四川省成都市温江区某小学二至六年级，采用随机取样的方法抽取 190 名学生，剔除无效 19 名被试，还剩 171 名被试完成最终的研究。根据研究一编制而成的教师权威认知两难问卷完成进一步的被试筛选，得到高教师权威认知被试（教师权威认知得分较高的 27%）46 名，低教

师权威认知被试（教师权威认知得分较低的 27%）46 名。同时在两种
教师权威认知水平中，按照共情水平分成高共情水平（共情水平得分较
高的 27%），低共情水平（共情水平得分较低的 27%），即在权威认知和
共情水平的 4 种情况下，每种情况各 13 人。被试的具体分布如表 2.15
所示。

表 2.15 实验被试基本情况统计表（*N*=52）

性别	高教师权威认知		低教师权威认知		总数
	高共情水平	低共情水平	高共情水平	低共情水平	
男	6	7	8	5	26
女	7	6	5	8	26
总计	13	13	13	13	52

（二）实验设计

本研究采用的是 2（教师权威认知水平）×2（共情水平）的组内实
验设计，其中包括 2 个自变量：教师权威认知水平（高、低）、共情水平
（高、低）。因变量是少年儿童的利他行为。

（三）实验材料

1. 教师权威认知两难故事问卷

问卷采用研究一编制的少年儿童教师权威认知两难故事问卷。

2. 人际反应指针量表（IRI）

使用 Davis 编制的人际反应指针量表（IRI）测量小学生的特质共情
能力。量表中包括同情关心、想象、观点采择和个人痛苦 4 个维度。有
大量国内外的相关研究采用该量表对小学生和中学生的特质共情能力进

行测量（张亚利，等，2016），说明该量表具有良好的信效度。在本研究中其 Cronbach's α 系数为 0.70，可见其信度良好。

3. 少年儿童利他行为的测量

关于小学生利他行为的测量，借鉴实验二的范式（Greitemeyer, et al., 2010），以自我报告的助人意愿来衡量利他行为，采用 1~7 级评分。

（四）研究过程

首先，对协助实验的主试进行培训，保证实验过程的规范与统一，尽量减少实验误差带来的影响。实验前，将被试分为高教师权威认知下高共情水平、低共情水平，低教师权威认知情况下高共情水平、低共情水平，共 4 个实验组，每个分组 13 人。

在正式实验时，主试先把学生之前填写的教师权威两难故事问卷发给他们，让他们检查是否有误（其实是为了后续在问卷上填写利他行为的意愿高低），表达对他们协助完成研究的谢意，同时告诉学生后续还有研究，但目前还未找到足够的被试，询问小学生是否愿意帮助研究者完成另一个研究。在这里研究者说的话实际上是统一的指导语，如下："各位同学，感谢你们对我们研究的支持！目前我们还需要一些被试去完成另一个研究，研究大概需要 15 分钟，但是如果没有时间参加另一个研究也没关系，这完全由你自己独立决定。现在你可以在纸上写下你的参加意愿 ［1（非常不愿意）~7（非常愿意）］，我们会通过你填写意愿的高低来选择研究被试。"

被试在纸上完成参加意愿的填写与资料回收完成后。实验者告诉他们填写参加意愿其实就是另一个研究的研究内容，目前所有的研究已经全部完成，非常感谢他们的认真参与，祝所有同学学习进步。

二、结果与分析

（一）不同分组情况下的少年儿童的利他行为得分描述统计情况

对小学生利他行为的得分分布进行描述统计,具体结果如表2.16所示。

表 2.16 小学生利他行为得分统计表 M （SD）（N=52）

性别	高教师权威认知		低教师权威认知		总计
	高共情水平	低共情水平	高共情水平	低共情水平	
男	4.57（0.79）	3.75（0.71）	3.14（1.68）	3.00（1.79）	3.64（1.37）
女	5.33（0.52）	4.60（1.14）	3.67（1.37）	3.46（1.35）	4.33（1.27）
总计	4.92（0.76）	4.08（0.95）	3.38（1.50）	3.46（1.56）	3.96（1.36）
	4.50（0.95）		3.42（1.50）		

从表 2.16 的数据可以看出,女生的利他行为多于男生,对性别差异进行进一步的差异性检验,渐进显著性为 0.579>0.05,结果表明不同性别小学生的利他行为没有显著性差异。

（二）教师权威认知水平、共情水平、性别对少年儿童利他行为的影响

以教师权威认知水平、共情水平以及性别为自变量,利他行为为因变量,进行多因素方差分析,具体结果如表 2.17 所示。

从表 2.17 中可以看出,在小学生教师权威认知水平中,教师权威认知对小学生利他行为的主效应显著[$F(1,52)=11.06$, $p=0.002<0.01$, $\eta^2=0.201$, $\Phi=0.902$],性别的主效应[$F(1,52)=4.71$, $p=0.035>0.05$]以及共情的主效应[$F(1,52)=1.19$, $p=0.281>0.05$]均不显著,并且各交互作用均没有达到显著水平。因此可以得出结论,高教师权威认知水平的小学生的利他行为显著高于低教师权威认知水平的小学生。

表 2.17　小学生利他行为得分方差分析结果

变异源	F	df	p	η^2	Φ
教师权威认知	11.06	1	0.002	0.201	0.902
性别	4.71	1	0.035	0.097	0.564
共情	1.19	1	0.281	0.026	0.188
教师权威认知*性别	0.02	1	0.868	0.001	0.053
教师权威认知*共情	1.35	1	0.252	0.030	0.206
共情*性别	0.09	1	0.761	0.002	0.060
教师权威认知*共情*性别	0.03	1	0.860	0.001	0.052

三、讨论

（一）教师权威认知水平对少年儿童利他行为影响显著

研究发现教师权威认知水平对小学生利他行为有显著影响，即教师权威认知平高的小学生更倾向表现出更多的利他行为。小学生教师权威认知是小学生道德认知的重要组成部分，一般来说小学生的社会认知水平和道德认知水平是密切相关的，处于同一环境下的小学生的社会认知水平也相对一致。随着年龄的不断增长和社会认知的不断发展，小学生的道德推理能力也随之提高。在一项针对巴西和美国青少年的跨文化研究中，研究表明两个地区青少年的道德推理水平均和亲社会行为正相关（Carlo G., et al., 1996）。Carlo 等（2002）的研究也发现了某些类型的道德推理可以显著地预测被试的亲社会行为。同时还有研究结果表明，观点采择能显著地增加受试者的助人时间。Underwood 等（1982）对相关研究的元分析结果表明，在排除了年龄这一影响因素后，观点采择仍然和亲社会行为之间存在密切的正相关关系。

从以上的研究中可以发现，社会认知水平能够显著地预测小学生的利他行为，尤其是道德推理领域的相关研究给本研究的结果提供了理论支持。小学生的权威认知发展在五至六年级达到了一个高峰值。处在这一年龄段的小学生的观点采择能力和逻辑思维能力都处于一个转折期，他们学会把自身的权利和他人命令的合理性结合起来综合思考。即教师权威认知水平越高，表明其一般认知水平也越高，因此也更容易促使其利他行为的产生。

（二）性别对小学生利他行为影响不显著

本研究结果发现性别对小学生的利他行为的影响并不显著，这与李幼穗等的研究结果相符。这可能是因为在本研究中，使用的是情境实验的范式，在正式研究中小学生的助人对象是主试，而不是生活中可能遇到的其他人，他们更可能把主试看作一名权威对象，因此容易产生更多的利他行为，由此性别对他们利他行为的影响就相对弱化了。同时，"助人"作为中国传统文化中的优秀传承内容，在处于受集体文化影响的小学中，所有小学生都会潜移默化地受到这种"帮助他人"的礼仪文化内涵的影响。因此，在利他行为方面就没有表现出显著的性别差异。

但也有研究者的研究结果表明，利他行为存在着显著的性别差异。如蔺秀云等（2006）用亲社会倾向量表对小中大学生进行调查发现，个体的亲社会行为水平存在显著的性别差异。张帆（2020）用亲社会行为分量表对三至九年级的青少年亲社会行为进行横向研究，结果发现亲社会行为存在显著的性别差异。

从以上研究结果可以看出，目前在学术上关于利他行为是否存在性别差异，还存在着较大的争议。本研究中通过情境实验的范式，采用自我报告的助人意愿来测量利他行为，可能减少了部分刻板印象的偏差所导致的性别差异，但是从描述统计来看女生的利他行为倾向仍略高于男生。

（三）共情对少年儿童利他行为的影响并不显著

共情是个体通过观察发现他人处在一种情绪状态时随之产生的与他人相类似的情绪体验，即一个人能够设身处地为他人着想并能够体验他人情绪或情感的心理过程。有研究者表明亲社会行为和特质共情水平呈正相关关系（邓林园，等，2018）。但这一研究结果与本研究的结果并不相符。当然也有一些研究结果与本研究的结果相符。例如 Eisenberg 的研究结果（1986）虽然表明成年人的共情水平和亲社会行为正相关，但在小学生中却并不存在这种相关关系。何宁等（2016）发现共情启动能够引发大学生的利他动机。孙炳海等（2011）的研究结果表明大学生的共情水平是观点采择能力和利他行为之间的中介变量。以上研究都在一定程度上表明年龄较小的小学生的亲社会行为和共情水平之间的关系处于动态的发展进程中，因此存在一定的不稳定可能性。同时，本研究中采用的被试为小学生，通过问卷筛选出来的不同共情水平的小学生在具体的实验过程中并没有唤醒其状态共情，即呈现出来的仅仅是小学生的特质共情水平。从这一点来看，在助人过程中可能只有共情达到了唤醒水平（状态共情）才能够真正地促进小学生表现出亲社会行为，仅仅是高共情水平（特质共情）也不一定会促使小学生产生利他行为。

通过研究可知，少年儿童教师权威认知发展水平在利他行为上的主效应显著，即高教师权威认知的小学生表现出更多的利他行为；女孩比男孩表现出更多的利他行为，但并不存在显著差异；高共情水平的少年儿童比低共情水平的少年儿童表现出更多的利他行为，但并不存在显著差异。

第五节　关于少年儿童教师权威认知及其对利他行为影响研究的反思

　　本研究采用少年儿童教师权威认知两难故事两难问卷和情境实验来探讨少年儿童教师权威认知发展的现状及教师权威认知的发展对利他行为的影响。研究结果发现：编制完成的少年儿童教师权威认知两难故事问卷，经过研究验证信效度良好；少年儿童教师权威的服从比例随年级增长呈逐渐降低的趋势；不同教师权威类型下，少年儿童教师权威认知的发展表现为随着年级的增长而不断提高的发展趋势；少年儿童教师权威认知在四至五年级存在发展的关键期；少年儿童教师权威认知发展水平在利他行为上的主效应显著，即高教师权威认知的少年儿童表现出更多的利他行为；小学女孩比男孩表现出更多的利他行为，但并不存在显著差异；高共情水平的少年儿童比低共情水平的少年儿童表现出更多的利他行为，但并不存在显著差异。

一、关于少年儿童教师权威认知及其对利他行为影响研究的讨论

　　（一）关于少年儿童教师权威认知两难故事问卷编制过程的讨论

　　从收集到的开放性问卷来看，少年儿童在问卷中的作答内容具有现实性，因为一开始研究者就向小学生表明只写与教师相关的内容，因此小学生的回答内容十分详细具体。在小学生回答与教师权威类型有关的信息中，小学生填写出现得最多的内容是权威命令的合理性，即小学生个人会对教师的命令赋予自身的判断，有条件地选择自己认为是合理的命令去听从。教师的知识水平、性格和地位等在小学生的作答中出现的频率也很高。同时小学生的作答中关于权威发生领域的内容也多有涉及，

少年儿童倾向在安全领域和道德领域听从老师的话，但是涉及个人事务领域时，小学生则认为这是属于自己个人的事情，与老师无关。关于开放性问卷的回答中，很多小学生写得十分详细，甚至出现详细地描述自身的内心活动的内容。因此从这部分收集到的资料来看，可以体现教师权威类型的多样性。

（二）关于少年儿童教师权威认知现状问题

通过前述研究编制的少年儿童教师权威认知两难故事问卷收集回来的数据，总体来看，少年儿童教师权威认知发展水平与年龄正相关，具体体现在从服从到不服从的方向发展。从描述统计的结果来看，女生对权威的服从情况要略高于男生，但进一步的研究结果表明男女生的教师权威认知水平并没有显著差异，进一步分析发现这可能与自我刻板印象有关。有研究表明女生的自我刻板印象比男生更强，这种现象在整个小学期间一直持续存在，并且性别刻板印象中对女生的要求是温顺和听话，这可能导致女生更倾向对教师权威选择服从。对少年儿童教师权威认知水平发展的研究结果表明，随着年级的增长，少年儿童教师权威认知水平也在不断提高，从安秋玲和陈国鹏（2003）的理论来看，少年儿童随着年级的增长，逐渐由阶段一外部信息定向水平向阶段三个人自我阶段水平发展。因此研究结果和以往的研究结果是相符的。

（三）不同权威类型下不同年级少年儿童教师权威认知发展问题

研究结果表明，在少年儿童教师权威认知的进程中，年级的主效应以及年级和教师权威类型的交互效应都是显著的，但性别和教师权威类型的交互效应并不显著。少年儿童教师权威认知得分随着年级增长不断上升。在不同的教师权威类型下，该趋势基本相同，不同的是，权威特征认知和权威发生领域都在四年级有显著的提升，随后发展趋于平缓，而权威命令合理性则在五年级有显著的提升。四年级的教师权威认知水平存在一个关键期。这在吴国宏和李其维的研究中得到证实，他们的研究结果表明少年儿童的思维能力在过渡过程中存在明显的关键年龄——四年级，这是因为在这个年龄段的小学生不再单纯听从权威的命令，他们开始从自身的权利出发，来权衡服从或不服从所带来的利弊，以期达到自己所希望的目的。总的来说，四年级可以看成是小学生教师权威认知水平发展的关键期。

（四）关于少年儿童教师权威认知水平与利他行为关系问题

研究发现教师权威认知水平对小学生利他行为有显著影响，即教师权威认知水平越高的小学生越倾向表现出更多的利他行为。小学生的权威认知发展水平在五至六年级达到了一个高峰，处于这一阶段的小学生教师权威认知水平达到了自我发展阶段，此时他们开始考虑权威所带来的影响以及自身拥有的权益和权利，并且处在该年龄段的小学生除了能够充分地了解到自身的权利和发展需求之外，还能够设身处地考虑权威命令的合理性，并将两者结合起来综合考虑。这意味着小学生教师权威认知发展水平越高，其一般认知水平发展得也越高，这也就更容易促进其利他行为的产生。

（五）关于性别、共情与利他行为关系问题

研究通过使用情境实验进行研究，发现性别对小学生利他行为的影响并不显著，这与前人的研究结果一致。这可能是因为在本研究中，使用的是情境实验的范式，在正式研究中小学生的助人对象是主试，而不是生活中可能遇到的其他人，他们更可能把主试看作一名权威对象，因此容易产生更多的利他行为，由此性别对他们利他行为的影响相对而言就弱化了。同时，"助人"作为中国传统文化中的优秀传承内容，在处于受集体文化影响的小学中，所有小学生都会潜移默化地受到这种"帮助他人"的礼仪文化内涵的影响。因此，在利他行为方面就没有表现出显著的性别差异。

本研究发现高共情水平的少年儿童比低共情水平的少年儿童表现出更多的利他行为，但并不存在显著差异。有研究者指出亲社会行为与特质共情水平之间存在正相关关系，这一结果与本研究的结果并不相符。但是也有研究表明虽然成年人的共情水平与亲社会行为正相关，不过对少年儿童来说却并不存在这种相关关系。这些研究在一定程度上说明了年龄较小的少年儿童亲社会行为和共情水平之间的关系处于动态的发展进程中，因此存在一定的不稳定的可能性。同时，本研究中采用的被试为少年儿童，通过问卷筛选出来的不同共情水平的小学生在具体的实验过程中并没有唤醒其状态共情，即呈现出来的仅仅是小学生的特质共情水平。从这一点上来看，在助人过程中可能只有共情达到了唤醒水平（状态共情）才能够真正地促进小学生表现出亲社会行为，仅仅是高共情水平（特质共情）也不一定会促使小学生产生利他行为。

二、关于少年儿童教师权威认知及其对利他行为影响研究的不足与展望

本研究对教师权威认知的发展研究选取的是二至六年级的小学生，在实际研究过程中小学教师均认为由于年龄限制，即使在有研究者帮助的情况下，一年级学生由于其自身语言能力的发展水平所限，对研究内容的理解不足，因此在最终研究结果的呈现过程中没有包含小学一年级学生。在进一步的研究中还需思考如何使研究内容涉及整个小学阶段。在研究小学生共情水平对其利他行为的影响时，本研究采用人际反应指针量表将小学生分为高共情和低共情组，仅仅只能表明小学生的特质共

情。想要完整地研究共情水平对其利他行为的影响，在以后的研究中还需进一步进行共情水平唤醒，以便研究共情对利他行为是否有影响。

（一）研究展望

1. 在研究对象上

纵观小学生教师权威认知的研究不难发现，以往的研究大多集中于某个年龄段或者某几个年龄段，没有包含小学到高中全部 12 个年级段的研究。在未来要想更加全面地研究学生教师权威认知的发展，研究被试的选取还应该更加宽泛，能够包含所有的年龄段，这对我们系统地观察学生教师权威认知的发展具有重大的意义。

2. 在研究方法上

本研究针对小学生教师权威认知的研究只是一个初步的探索，后续可以采用内隐认知研究的方法，对小学生的内隐教师权威认知进行研究，结合问卷法和实验法两方面综合进行研究，把内隐和外显研究结合起来，全面考察小学生教师权威认知的特点及发展情况。

（二）针对少年儿童教师权威认知及其对利他行为影响的教育对策

对教师的建议：①教师应当注重自己平时发布命令的方式，不要用直接恐吓或给予处罚等手段发布命令使学生不得不听从，而是采用与小学生民主沟通的形式提出自己的要求，以便让小学生在沟通的过程中能够思考自己的权益和权利，这也有助于他们理解和接受教师的命令。②教师要对教授的学科知识有着自己独到的理解，能够不断充实和提高自身的知识水平，以便让小学生认识到真正的权威既要拥有丰富的专业知识，又要有一定的幽默感，以吸引学生的注意力。③教师还可以适当增加教育形式，可以通过在班级设置"小教师"的方式，让每个学生都能亲身体验到教师这个职位所拥有的权利和义务，以便他们在以后的学生生活中能够全面地认识教师权威。

对少年儿童的建议：①小学生和教师保持的良好沟通，有问题要和教师时刻保持联系，意识到教师对自己学习的引导作用。②小学生要学会质疑老师，要知道教师的命令并不一定都是合理的，所以学生要学会辩证地看待教师的命令，锻炼自身的独立思考能力。③积极争当班级"小教师"，体验教师的权利和义务，认识到能力越大责任越大，以便在日后的学习生活中能够全面地认识教师权威，做到对于教师的命令不盲目服从也不全盘否定。

第三章
少年儿童父母权威认知的发展及其与利他行为的关系

———————————————————————————

　　社会化是每个人必须经历的，为了保证这个过程的顺畅，自身和他人的关系就成为个体认知世界的过程中非常重要的一环，而这个关系里就包含了自身与同辈之间的关系——友谊关系，以及自身与长辈之间的关系——权威关系。但心智还不成熟的未成年人，认知世界时不能透彻理解，认知也还停留在非常表层的阶段。在感知外界事物时，成年人拥有成熟的心智，对事物的认知更加全面。因此未成年人就会不断地通过周围的成年人的帮助、指导、梳理，让自身更好地认知世界。所以在儿童心目中，长辈就是权威的形象。而这也就意味着权威关系是儿童社会关系中最重要的一种关系。权威关系里包括的角色众多，如父母、老师、警察等形象，当然也有可能是指具有权力的社会同辈，如领导、组长、队长等。而在儿童成长的过程中，他们与自己的父母朝夕相处，父母的权威认知给他们带来的影响要远远大于其他角色。当前青少年与同辈之间的友谊关系已经研究到不同程度，但少年儿童权威关系的认知发展还没有得到足够的关注。所以发展心理学应该密切关注这一普遍存在的友谊关系，加强这方面的研究。

　　个体进行社会化的过程中，需要经历一个动态的环节，即个体对周围环境中存在的社会规范和社会价值观不断地了解、认识、融合、整理和内化，并渐渐朝着一个社会人成长的过程。成年人往往以一种权威的形象出现在他们面前，并体现了社会对儿童的要求和规范。儿童借助父母的权威认知，来了解社会规范也是一种认知形式。通过分析少年儿童父母权威认知的发展及其与利他行为的关系，能够更有效且更科学地认识青少年利他行为与家庭教育之间的纽带是如何产生影响又形成了什么样的机制，提供机会了解从原始社会传递演化下来到如今仍保持的优秀利他品质。而在本次研究中所得到的结果也能进一步帮助家长用恰当的教育举措对待子女，无形中拉近父母与子女的关系，对营造和谐美满的家庭氛围起到一定作用，帮助少年儿童平稳地度过青春期，加强利他品质，让少年儿童健康成长、全面发展，使少年儿童的社会化得以顺利进行。同时，通过对这种影响机制的梳理可以为学校的德育工作提供一定的参照，有助于当前的精神文明建设。

第一节　关于少年儿童父母权威认知的基本问题

简单地说，权威就是一个群体或个体对另一个群体或个体的影响。在一个家庭中，孩子与父母的关系始终是建立在亲子关系基础上的，孩子需要父母的养育、保护，父母需要为孩子的心理、生理的成长创造条件。孩子与父母的权威关系既具有一般权威关系的普遍性，又具有血缘关系、教养关系基础上形成的特殊关系。可以说，孩子一出生就面临着父母权威的影响，与父母的权威关系始终伴随孩子成长的全过程。在父母与子女之间的权威关系中，父母指导和教养孩子，掌握着父母子女关系中的主导权，孩子寻求父母的依靠，对父母权威表现出尊重与顺从，虽然有时也有抵触和反抗，但由于这种教养关系和血缘关系的存在，父母自然占有这种权威关系的主导地位。父母子女之间的权威关系具有阶段性特点，在幼年时期父母是知识权威、能力权威和力量权威，但进入初中以后，这种知识权威就慢慢退居到次要的地位上，儿童对教师的权威尊重和服从超过了父母权威（安秋玲，2003）。因为血缘关系和教养关系的存在，父母之间的权威明显区别于教师学生之间的权威关系（一对多）和社会权威关系（多对多）。父母与子女之间的权威关系是一个相对稳定且简单的系统，对其他两个权威关系系统起到了某种支撑作用。

一、少年儿童父母权威认知的概念

（一）少年儿童父母权威认知的基本内涵

权威关系、友谊关系都是少年儿童成长过程中的核心社会关系，少年儿童的权威关系认知是社会化发展的重要组成部分，是认知、熟悉社会规范的重要平台，极大地影响着少年儿童的社会关系和人际交往。国内外心理学家都对少年儿童父母权威提出了自己的看法，其中皮亚杰早在 1965 年时在其著作《儿童的道德判断》里就描述了儿童如何看待父母权威与公正的关系，主要情况是年纪小的儿童正处在他律道德阶段，他们普遍认为道德规则是受权威决定的，是与自身无关的，但随着年龄不断增加，儿童逐渐从他律道德阶段向自律道德阶段过渡，他们认为道德规则是人人平等的，是集体均认同的契约，倘若在集体都认同的情况下可以对规则调整修改。美国教育心理学家斯麦塔纳（1988）从社会规则领域出发对父母权威概念进行了界定，认为父母权威认知就是指对父母规则的认知，包括对父母权威合理性认知、对父母权威遵从性表现以及父母规则遵从原因的评价 3 个方面。我国学者朱龙凤（2012）认为父母权威认知主要是指孩子对父母在子女教育过程中影响力的一种认知，主要表现为对父母权威的权力和感召力两个方面内容。从现有研究可以看出，对父母权威认知的研究的内涵主要涉及性格特征、自我概念、依恋和家庭教养方式等因素。性格特征：Marie S.Tisak（1986）对 12 岁的学生进行了调查研究，结果显示他们对权威的积极态度与 EPQ 简表所测得的精神质分量表负相关。自我概念：Haynes 等（1990）研究自我概念对儿童学校行为的调节作用时发现，自我概念的行为自我、道德习俗自我、个人自我以及家庭自我 4 个维度对权威态度存在正向的预测作用。依恋：劳帕等（1991）研究发现，父母权威的强迫式的遵从模式对父亲依恋有着负向的预测作用。Fuligni A.J.（1998）指出依恋与道德、政治上的独裁主义个性之间的联系也正好为这一研究结果提供了有力的证据。家庭教养方式：Brown（1990）认为权威型教养方式下的儿童对权威的态度更为积极，而放任型教养方式下的儿童对权威抱着消极的态度。斯麦塔纳（1994）研究发现父母教养方式只区分出了父母的权威认知，但是对青少年的父母权威认知却没有作用。因此，父母权威认知可以定位为少年儿童对父母权威规则和教养方式的认知，包括父母命令的合理性、对父母尊重和遵从表现以及遵从父母权威内在动机的判断等内容。

（二）少年儿童父母权威认知的特殊领域

由于少年儿童在社会化发展过程中成长背景所处的社会地位、群体动机、活动目标等因素的特殊性差异，少年儿童具有不同的社会知识领域和结构，会对自己熟悉的社会知识领域信息给予积极评价，而对自身不熟悉或拒绝的社会知识领域信息给予消极评价。少年儿童父母权威一般会对道德、习俗和个人等 3 个领域的事项产生特殊影响。其中，道德是个体参与社会交往和社会关系的规则系统，包括利益、信任、公正与公平、权利、地位等因素，父母通过保护、教养、关心、关怀、帮助等方式确保孩子的利益不受侵犯，并顺利与别人建立各种社会关系。社会习俗又称"风俗习惯"，对人的影响是潜移默化的，是多数人经常重复进行的生活方式和行为方式。父母通过关心、帮助、指导孩子表现出合理的社会行为，在社会交往中进行合理和有效的互动沟通，促进孩子在遵从这些社会习俗中不断社会化发展，尽量帮助他们成长过程中的社会化发展。个人领域主要是指那些属于自我意识和行为、个体身份、身心安全等方面的内容，因为这些领域处理不好可能导致个体安全、舒适感和健康的伤害。父母通过与少年儿童的商量、尊重减少了对这些个人领域的伤害。父母在教养孩子的过程中，特别是在幼年时期，很少与孩子就道德、习俗等领域进行协商，但个人领域如自我意识和自我行为、身心安全等领域包含了较多的让步和协商，特别是孩子与母亲之间的商量和让步更为明显，如果减少在这些领域的商量和让步将会导致孩子出现较多的心理问题（Nucci，2004）。斯麦塔纳等（1988，1993，2000，2003）在原有道德、习俗、个人 3 大领域基础上，对少年儿童父母权威认知的特殊领域进行了进一步划分，区分出 6 个特殊领域：道德领域，如说谎、打人、偷钱等；习俗领域，如顶嘴、对人不礼貌等；个人领域，如熬夜、自己的衣服和发型、花钱等；谨慎领域，如抽烟、喝酒、性生活等；友谊领域，如约会、看朋友、不与父母外出等；多重领域，如打耳洞、不爱卫生、看电视等。一般来说，父母在道德、习俗领域具有较高的权威性，而在个人、谨慎领域会给孩子适当的自主权。

在任何文化背景下个体都会与在父母的交互中通过遵从父母在道德和习俗领域的权威之外的其他领域努力刻画属于个人的系列行为，以保持他们的主题感和独特的存在感，并构建起自身的价值观念体系。东西方文化对少年儿童父母权威认知的影响存在一定的差异，东方文化或非洲文化背景下的少年儿童更加倾向对父母权威规则的尊重和认可。如Fuligni（1998）对墨西哥、中国与欧洲的少年儿童进行对比研究发现，亚洲少年儿童对父母权威的认可程度要高于欧洲的同龄人。

二、少年儿童父母权威认知发展的研究现状

（一）少年儿童父母权威认知的发展

在父母与子女的关系中存在权威认知,子女对父母权威的服从便会促进孩子的社会性发展。对于父母权威认知研究起源于皮亚杰关于道德认知发展的研究,随着研究领域的不断扩大才扩展到了权威认知研究领域。

少年儿童父母权威认知呈现随年龄增长对父母权威认同逐渐下降,自主愿望日益强烈的发展趋势。美国教育心理学家达蒙让年龄 4~11 岁的孩子在面对两难故事时, 对他们表现出的权威观念展开研究, 从研究中可以得出儿童对权威的理解有着阶段性的变化, 少年儿童从开始对父母权威盲目遵从, 无选择地服从, 发展到有条件地遵从, 最后形成强烈自主的愿望。在早期的发展中, 孩子对父母权威决定性地服从, 但随着他们不断地认知世界, 相应地他们的社会关系也逐渐丰富, 逐渐不会再盲目服从权威, 会依据得到的评价和信息进行有筛选性的服从。他们身处学校, 学到的知识不断增多, 有更为广阔的眼界, 他们对父母权威认知便不再绝对, 特别是随着身心变化进入到青春期时。Fuligni（1998）研究发现高年级学生较少认可父母的权威规则。张文新等（2006）研究发现随着年龄增长, 少年儿童对父母的尊重和认可程度逐渐降低, 行为自主愿望逐渐增强。

少年儿童父母权威在不同领域有不同特点。Tisak 以 6~10 岁儿童为被试, 研究发现年幼儿童较为认可父母的权威概念, 但随年龄增长, 儿童就开始意识到有些是该个人决定的事情, 从而与父母权威拉开距离。斯麦塔纳采用自编父母权威认知问卷研究了父母权威对孩子在一系列领域的管制权限, 发现在道德和习俗领域父母具有较高的权威性, 但在多重领域、谨慎领域和个人领域随着儿童社会经验的增长, 对父母权威的

遵从性和遵从理由的评价方面都在不断变化。Youniss 和 Smollar（1985）
研究发现，尽管父母仍然片面地执行着他们的权威，但青少年已越来越
不愿接受父母权威的束缚，特别是在服饰、择友、参加社会活动等有关
问题上。其他部分的纵向研究也表明，随着青少年年龄的增加，他们会
逐渐质疑父母权威的合理性。有研究表明，父母对待子女的自由问题时
有着类似的发展经历，随着孩子的成长，父母的观念也从"认为子女需
要更多地被管制"到"青少年应该拥有更多的自由"进行转变。张卫（1996）
利用道德认知两难情景故事研究发现，年幼儿童不能分辨公平公正和权
威关系，随着年龄增长少年儿童对父母权威的绝对遵从逐渐发展为追求
公平公正以及其他因素再决定是否遵从父母权威。

  少年儿童权威认知存在阶段性。李伯黍（1984）认为儿童的道德认
知发展从开始的不能区分权威和公平的萌芽阶段，发展到公平阶段，最
后发展到考虑公平不公平、平等不平等的公道阶段，其权威认知发展水
平受到自身地位、亲子关系等因素影响。安秋玲（2003）研究发现，少
年儿童父母权威认知发展趋势是从外部信息定向水平，发展到相对的工
具定向水平，然后发展到认知的协调水平，再到强调个人意愿的自主发
展水平，也就是说总体趋势是对父母的权威遵从从服从向不服从发展。
具体来说，年幼的小学二年级学生处于工具定向水平与外部信息定向水
平之间，不能过多表达自己的愿望，只是被动地遵从父母权威。小学五
年级学生处于外部信息定向水平，对父母权威有一种绝对化认识，绝对
服从父母权威。初中二年级学生处于个人发展定向与协调一致之间状态，
能够较好地协调与父母权威之间的关系。高中二年级学生处于自主发展
水平，较为突出个人在与父母权威关系中的地位，只要认为自己是正当
的就按照自主意愿去实现。

  少年儿童父母权威认知具有一定的文化差异性。不同文化背景可能
对少年儿童父母权威认知产生不同的影响，东方文化相较于西方文化可

能更加强调父母权威的影响。Dixon（2008）研究发现，非裔美国少年儿童比欧裔美国少年儿童更加遵从父母权威；Fuligni（1998）研究表明墨西哥、中国和菲律宾的孩子较之欧裔美国少年儿童要更加尊重父母权威，较少自主选择倾向。

（二）少年儿童父母权威认知的影响因素

国内外研究者考察了少年儿童权威认知与其他因素的关系，这些因素包括父母教养方式、自我意识、考试焦虑、亲子关系等因素。

1. 父母教养方式

不同的父母教养方式下少年儿童父母权威认知有不同特点。我国学者王美萍（2006）研究发现不同教养方式下少年儿童对父母规则的认同度不一样，总体上少年儿童对父母权威是较为认可的，但在不同的教养方式下也表现出不同的特点。这些教养方式由高到低分别为：权威型、专制型与溺爱型。权威型的父母对子女较为温和，有比较明确的行为规则，对子女行为较少进行控制。对于父母制定的规则，少年儿童倾向认为是为子女考虑、是父母关怀的表现，会认为父母的命令是合理的，自己应该遵从。而专制型父母倾向制定更为严格的规则，想办法控制子女，让子女服从自己，亲子之间较少沟通协商，孩子的自主性需要较难得到满足，对父母权威容易产生不满情绪和对抗行为。

2. 自我意识

少年儿童时期是自我意识发展最迅速的阶段，自我意识的发展显著地影响着少年儿童权威认知的发展。少年儿童自我意识随年龄增长会逐渐发展，促使其更加关注自身自主发展的需要，他们需要有自主发展的空间、表现自主发展的愿望。这些自主动机和行为变化开始影响对父母权威的看法，改变对父母权威合理性评价和遵从状况。王婷（2006）研究发现少年儿童的内向型自我意识发展能显著地预测其父母权威的合理性和遵从情况，外向型自我意识能显著地预测父母权威关系中个人权限领域。

3. 亲子关系

父母与子女之间是基于血缘关系和长期教养关系形成的稳定简单且特殊的关系，亲子关系如何必会影响少年儿童权威认知状况。王婷（2006）研究发现少年儿童父母权威认知与亲子冲突呈负相关关系，与亲子亲密呈现正相关关系；少年儿童的个人权限认知与亲子冲突呈现正相关关系，与亲子亲和呈现负相关关系。也就是说，父母与子女之间关于父母权威认知的差异越大，其亲子关系可能就越差。

4. 考试焦虑

考试焦虑与少年儿童权威之间并无明显相关关系。周彦余（2008）研究了高中生父母权威认知的发展状况，发现高中生的考试焦虑与其父母权威认知并无明显关系，但在高中生的友谊、学业等个人领域对父母权威认同程度逐渐降低。

（三）少年儿童父母权威认知的研究方法

少年儿童父母权威认知研究的方法主要有 2 个：一是采用两难故事法。如安秋玲等（2003）先给儿童讲一个关于复习与看电视的故事，然后根据儿童的反应判断其父母权威认知发展状况。二是采用问卷调查法。目前比较著名并应用得比较多的问卷主要有 3 个：一是 Buri（1991）编制的父母权威问卷，由儿童对父母采用的权威方式进行评价，国内学者周亚娟（2010）进行了修订，共 30 个测验项目。但此问卷比较注重测量父母权威认知方式，有点类似于父母教养方式。二是国内学者朱龙凤

（2012）自编了少年儿童父母权威认知问卷，分为 4 个维度：为人处世、日常生活、工作学习和决策遵从。三是斯麦塔纳（1994）编制的父母权威认知问卷，分为 3 个维度：父母权威的合理性、父母权威遵从性、遵从父母权威的原因，对 3 个领域进行评价：道德、习俗和个人领域。国内学者王婷（2006）进行了修订，将测量维度减少为 2 个：父母权威合理性认知、父母权威的遵从认知，主要评价 2 个领域：道德领域和个人领域。其中，道德领域包括家庭道德问题和社会公德问题，个人领域包括一般个人问题、学业问题和友谊问题，一共 22 个项目。道德领域项目采用 4 级评分制，个人领域项目采用 5 级评分制，评分越高代表越认可父母权威或越遵从父母权威。经检验，2 个因子的内部一致性系数分别为0.897、0.768，具有较好的结构效度。

三、关于少年儿童利他行为的相关研究

（一）利他行为的概念

法国社会学家孔德是提出利他行为概念最早的一位学者，但还没有确定具体的定义。Trivers（1971）将利他行为定义为：对做出利他行为的有机体不利，却有益于与自身毫无关系的他人的行为。Bar-Tal（1986）认为以动机为基础的利他行为有 4 个特点：①他人是获得了利益的；②自愿的行为；③产生行为时带有明确目的且有意识；④所获得的利益必须是行为本身；⑤不期待有其他的精神和物质奖励。

（二）少年儿童利他行为特点的研究现状

如何划分利他行为，许多学者从不同的角度得出了不同的方式。例如根据辨别标准的不一致可以产生出不一样的划分。迟毓凯（2005）通过行为产生时的情景急切程度的不同，将利他行为划分为紧急情况下的利他行为、非紧急情况下的利他行为。Wilson（1975）从动机的角度出发

将利他行为分为 2 种：无条件的利他主义（纯粹利他）和有条件的利他主义（互惠利他）。

（三）关于少年儿童利他行为的相关因素

桂西（2012）认为利他行为的影响因素主要有利他者的个人因素、情境因素、心境和情绪状态、社会文化特征和被帮助者的特征等方面。王静静（2016）认为利他行为的影响因素主要有生物、文化、情境、情绪、认知和人格等。媒体、个人、政府应针对影响利他行为的各个因素进行具体提升，以有效地促进利他行为的发生。姚美菱（2019）认为抑制利他行为的影响因素包括：以自我为中心、缺乏信心、缺少爱和理解、不当的奖赏和旁观者效应。

综合以上研究成果可以看出，在父母权威认知和利他行为的单项研究上，积累了一些研究成果，并形成了较为成熟的研究体系。在父母权威认知上，国外的研究较为全面和系统，在对其进行概念界定后，还分析了对应的影响因素；而在利他行为的研究上，国内部分学者的成果有一定的补充作用，集中体现在利他行为的形式划分和影响因素上。同时也可以看出，当前对父母权威认知和利他行为的研究还缺乏整体性的研究，只有较少涉及了父母教养方式与利他行为的研究，但这还无法覆盖父母权威认知的所有父母。因此在这种困惑下，本次将展开少年儿童父母权威认知的发展及其对利他行为的影响的相关研究。

四、少年儿童父母权威认知与利他行为关系的研究现状

关于少年儿童父母权威认知与利他行为的关系，美国心理学家Hrischi（1990）研究发现孩子对父母的非安全性依恋关系可能会导致与父母权威之间的脆弱关系，减少利他行为并可能产生违反社会和道德秩序的反社会行为。Kenneth（2001）研究发现少年儿童对父母权威的态度

越积极，表现的利他行为数量就会越多，也会减少那些不良行为。Kuhn 等（2011）研究发现，少年儿童与父母的协商、亲社会状况、对权威的认可和遵从等都与父母权威认同度呈正向关系。因此，研究少年儿童父母权威发展状况不仅有利于增加其利他行为，对减少其反社会行为、问题行为也有积极作用，研究少年儿童权威认知及其与利他行为关系具有重要的现实意义。

第二节　关于少年儿童父母权威认知的发展及其对利他行为影响的实证研究

一、研究方法

（一）研究对象

本次研究以成都某校初一、初二、初三的学生为调查对象。具体调查时间为 2021 年 2 月~3 月，期间共计发放问卷 300 份，回收问卷 293 份，问卷回收率为 97.6%。为了保证本次研究的科学性，对问卷进行了筛选，剔除 9 份无效问卷，得到 284 份有效问卷，问卷的有效回收率为 96.9%。其中，男生 106 人，女生 178 人；初一 122 人，初二 82 人，初三 80 人。

（二）研究工具

本次研究的调查问卷分为三部分：第一部分是人口学变量资料（性别、年级）；第二部分是父母权威认知调查问卷；第三部分是利他行为量表。

1. 父母权威认知调查问卷

采用修订后的父母权威认知问卷，问卷包含三个部分：父母权威合理性认知、遵从认知、个人权限认知。父母权威的合理性认知：采用 4

级评分，得分越高代表越认可父母权威。父母权威的遵从认知：采用 5
级评分，得分越高代表越遵从。个人权限认知：采用个人领域的项目作
为个人权限认知的评定项目。被试需要评定在不同的问题上是由父母还
是孩子做决定。得分越高说明个人权限的要求越强烈。采用李克特 5 级
量表评分法，"完全不符合"计 1 分，"较不符合"计 2 分，"不确定"计
3 分，"较符合"计 4 分，"完全符合"计 5 分。本研究中父母权威认知调
查问卷量表的整体信度为 0.816。

2. 利他行为量表

使用经过修订的 Oda 编制的利他行为量表（SRAS-DR），内容包括对
家人（亲缘利他）、朋友或熟人（互惠利他）以及陌生人（纯粹利他）的
利他行为 3 个维度。该量表采用自我报告方式，共 21 个项目，每个项目
5 点计分，被试对每句描述根据符合自己的程度进行选择，其中"完全不
符合"计 1 分，"较不符合"计 2 分，"不确定"计 3 分，"较符合"计 4
分，"完全符合"计 5 分。该利他量表整体信度系数为 0.796。

二、结果分析

使用 SPSS 软件对收集到的数据进行分析，首先探讨少年儿童父母权
威认知的特点与发展特征，之后确定父母权威认知与少年儿童利他行为
的关系。

（一）少年儿童父母权威认知与发展特征特点

分别从道德领域、友谊领域、学业领域和一般个人领域 4 个方面得
到平均分，并进行平均分比较和相关分析。

1. 少年儿童父母权威认知的总体情况

当被试在一道正向计分题目上的得分大于 3 时，我们认为其具有父

母权威认知，得分越高，表明其父母权威认知越清晰。对被试父母权威认知得分平均分进行描述性统计，得出少年儿童父母权威认知的整体情况（见表 3.1）。

表 3.1　父母权威认知各因子均分

维度	因子	$m \pm s$
合理性	道德	3.16 ± 0.51
	学业	2.32 ± 0.55
	个人	2.25 ± 0.42
	友谊	2.24 ± 0.63
遵从	道德	3.76 ± 0.84
	学业	3.24 ± 0.46
	个人	3.16 ± 0.59
	友谊	3.12 ± 0.60
个人权限	学业	3.54 ± 0.84
	个人	3.36 ± 0.24
	友谊	3.31 ± 0.47

比较表 3.1 中各个因素的均分性不难发现，少年儿童对家长权威合理性的认知方面，道德领域的得分高于其他 3 个领域，其次是学业方面、个人方面和友谊方面；在遵循父母权威方面，道德方面得分最高，其次是学业方面、一般个人方面和友谊方面；在尊重个人权限方面，学业方面得分最高，其次是个人方面和友谊方面。

2. 不同性别少年儿童的父母权威认知的性别特点

将性别作为分组变量，少年儿童的父母权威认知总均分以及各维度得分平均分作为检验变量，进行独立样本 t 检验得出以下结果（见表 3.2）。

表 3.2 不同性别少年儿童的父母权威认知的各因子均分（$m \pm s$）

		男	女	t	p
合理性	道德	2.86±0.26	3.15±0.35	-2.73**	0.006
	学业	2.24±0.35	2.34±0.45	-0.297	0.713
	个人	2.26±0.44	2.26±0.48	0.712	0.513
	友谊	2.16±0.56	2.24±0.56	0.304	0.806
遵从	道德	3.57±0.35	3.85±0.26	-3.211***	0.002
	学业	3.18±0.46	3.42±0.34	-0.84	0.362
	个人	3.11±0.52	3.21±0.54	-0.425	0.62
	友谊	3.10±0.57	3.06±0.48	-0.923	0.32
个人权限	学业	3.57±0.53	3.45±1.26	-1.256	0.183
	个人	3.69±0.61	3.64±0.42	0.177	0.905
	友谊	3.48±0.75	3.26±0.37	0.999	0.345

注：表示 $P<0.05$，**表示 $p<0.01$，***表示 $p<0.001$，以下相同。

由表 3.2 可以看出，不同性别的少年儿童在父母权威合理性的评定上存在差异，其中在道德领域得分女生明显高于男生，性别差异非常显著，达到 0.01 的显著水平。表示女生比男生更加认同父母在道德领域（包括家庭道德和社会公德）的权威。在学业领域的父母权威合理性认知的评定上，女生的得分高于男生；在一般个人问题领域，男生的得分高于女生。不同性别的少年儿童在父母权威遵从的评定上存在差异，其中在道德领域得分女生明显高于男生，性别差异极显著，达到 0.001 的显著水平。这表示在道德领域（包括家庭道德和社会公德）女生比男生更加遵从父母权威。在学业领域的得分女生高于男生，在个人领域的得分女生高于男生，在友谊领域的得分女生高于男生。不同性别的少年儿童在个人权限认知的评定上也存在差异，在学业领域的得分女生高于男生，说明在学业领域女生比男生更要求个人的权利；在个人领域和友谊领域的得分男生高于女生，这说明在一般个人问题和友谊问题上男生比女生更加要求自己的权利。

3. 不同年级少年儿童的父母权威认知的年级发展特点

将年级作为自变量，少年儿童的父母权威认知总均分以及各维度得分平均分作为因变量，进行单因素方差分析（见表 3.3）。

表 3.3 不同年级初中生的父母权威认知

维度	因子	初三	初二	初一	F	p
合理性	道德	3.16±0.43	3.25±0.24	3.46±0.52	0.116	0.886
	学业	3.15±0.23	3.14±0.48	3.26±0.20	4.521**	0.007
	个人	3.07±0.42	3.09±0.15	3.42±0.42	12.516***	0.000
	友谊	3.48±0.27	3.15±0.33	3.32±0.46	16.854***	0.000
遵从	道德	3.82±0.75	3.67±0.82	3.80±0.76	0.486	0.478
	学业	3.75±0.47	3.52±0.42	3.82±0.47	5.624**	0.002
	个人	3.68±0.75	3.68±0.47	3.79±0.36	3.598*	0.012
	友谊	3.44±0.38	3.63±0.41	3.78±0.44	7.668***	0.000
个人权限	学业	3.42±0.55	3.51±0.53	3.48±0.61	0.026	0.974
	个人	3.43±0.38	3.48±0.23	3.46±0.37	0.516	0.615
	友谊	3.48±0.52	3.49±0.35	3.49±0.55	1.568	0.168

对各年级父母权威认知的各因子平均分进行方差分析，在合理性维度上，学业、个人、友谊领域存在显著的年级差异；在遵从认知变量里的学业领域、个人领域、友谊领域存在显著的年级差异。

4. 性别、年级对少年儿童父母权威认知的影响

分别将性别、年级以及性别与年级的交叉项作为自变量，初中生的父母权威认知总均分以及各维度得分平均分作为因变量，进行单因素方差分析（见表 3.4）。

表 3.4 父母权威合理性认知、遵从认知和个人权限认知多元方差分析

	因变量	F（性别）	F（年级）	F（性别×年级）
合理性	道德	0.006**	0.765	0.695
	学业	0.685	0.054	0.865
	个人	0.758	0.005**	0.326
	友谊	0.469	0.001***	0.175
遵从	道德	0.003**	0.815	0.431
	学业	0.562	0.016*	0.869
	个人	0.384	0.559	0.075
	友谊	0.218	0.034*	0.716
个人权限	学业	0.246	0.362	0.025*
	个人	0.209	0.485	0.854
	友谊	0.048*	0.206	0.146

对父母权威认知在各领域的得分以性别和年级作为自变量进行多元方差分析，得出结论，初中生父母权威认知关于道德领域的评定均存在显著的性别主效应；在个人权限认知友谊问题的评定上存在显著的性别主效应。在父母权威合理性的评定上，对一般个人问题的评定存在显著的年级主效应；对友谊问题的评定存在极显著的年级主效应；在父母权威遵从的评定上，对学业问题和友谊问题的评定存在显著的年级主效应。在对个人权限认知学业问题的评定上，性别和年级交互作用显著。

由上述结果可知，初中生父母权威认知关于道德领域的评定均存在显著的性别主效应；在个人权限认知对友谊问题的评定上存在显著的性别主效应。这与前面的研究结果一致。在父母权威合理性的评定上，一般个人问题的评定得分存在显著的年级主效应，在对友谊问题的评定上存在极显著的年级主效应；在父母权威遵从的评定上，对学业问题和友谊问题的评定存在显著的年级主效应。结合表 3.3 可以看出，在一般个人问题和友谊问题上，从初一到初三，得分明显呈现逐年递减趋势，到初三时达到最低点。此研究结果再一次表明，初中生对自己在一般个人问题和友谊问题上的自主权要求越来越高。年级对学业问题上的父母权威认知评定的影响具体体现在不同年级学生需要面对的学业问题不同，对在学业问题上自主权的需求不同。

（二）少年儿童父母权威认知与儿童利他行为的关系

1. 少年儿童利他行为的性别差异

将初中学生的性别作为自变量，利他行为的各个维度作为因变量，采用独立样本 t 检验的利他行为评分，得到如下结果（见表 3.5）。

表 3.5 初中生利他行为的性别差异

利他行为	男		女		t	p
	M	SD	M	SD		
互惠利他	20.628	3.625	20.985	3.362	-6.265**	0.000
亲缘利他	22.306	4.216	22.695	3.845	-1.065	0.036
纯粹利他	26.884	5.208	27.068	4.957	-1.574	0.105

由表 3.5 可知，女生的互惠利他显著高于男生（t=-6.265，p=0.000）；在亲缘利他和纯粹利他两个维度上没有明显的性别差异。

2. 少年儿童父母权威认知与儿童利他行为各维度的相关性

为了了解初中生父母权威认知与儿童利他行为的关系，本研究对初中生父母权威认知及其各维度与儿童利他行为各维度做了斯皮尔曼相关分析，得出如下结果（见表 3.6）。

表 3.6 初中生父母权威认知与儿童利他行为各维度的相关矩阵

	合理性	遵从	个人权限	互惠利他	亲缘利他	纯粹利他
合理性	1					
遵从	-0.104*	1				
个人权限	0.068*	0.112**	1			
互惠利他	0.204***	-0.107	-0.215***	1		
亲缘利他	0.281***	-0.158**	-0.036**	0.016***	1	
纯粹利他	0.145**	-0.028	-0.125	0.214**	0.147**	1

由表 3.6 可知，父母权威认知中，只有合理性与亲缘利他，互惠利他和纯粹利他 3 种利他行为存在正相关关系，而遵从与亲缘利他存在显著的负相关关系。父母权威认知中的个人权限与互惠利他和亲缘利他均呈现显著的负相关关系。

（三）少年儿童父母权威认知与儿童利他行为的回归分析

相关分析结果显示，父母权威认知与儿童利他行为总体水平显著正相关，为了进一步了解父母权威认知对儿童利他行为的影响情况，对父母权威认知和儿童利他行为总体水平做一元线性回归，得出如下结果（见表 3.7）。

表 3.7　初中生父母权威认知对儿童利他行为的回归分析

自变量	因变量	R^2	B	SE	Beta	t	p
常量			2.548	0.092		66.324	0.00
父母权威认知	儿童利他行为	0.687	0.904	0.084	0.816	3.658	0.000

由表 3.7 可知，父母权威认知进入回归方程，可以解释儿童利他行为 68.7%的变异，并且对儿童利他行为有显著的正向预测作用（B=0.904，p<0.01）。这说明初中生对父母权威认知越清晰，其利他行为越多。

三、对结果的讨论

（一）少年儿童父母权威认知的发展特征

1. 少年儿童父母权威认知的总体情况分析讨论

结果表明，在父母权威认知的合理性和遵从性判断方面，道德领域的得分（分别为 3.16±0.51 和 3.76±0.84）高于个人领域（分别为 2.25±0.42 和 3.16±0.59）（包括学业、友谊和一般个人问题）。它表明少年儿童很认同父母在道德领域对孩子的约束，在这方面他们认为应该遵守父母的权威。与以前其他学者的研究结果相一致（Smetana，1988，1993；Asquith，1994，2000）。在这一领域，孩子对父母权威的高度认同是很难动摇的。

比较而言，少年儿童在个人领域就不那么认同父母权威了，其中以友谊领域为甚。虽然说总体上仍然表现为对父母权威的认可和遵从，但相对其他领域，友谊领域的得分是最低的。这一点与西方学者之前的研究存在一定的差异（Smetana，2000），我国少年儿童在友谊问题上比在其他问题上更要求个人权限，而在国外对欧裔美籍、非裔美籍青少年的研究中这一点却并不那么突出。曾有研究表明，在满足陪伴需求、确认价值感及亲密感方面，青少年更加依赖朋友而非父母（Furman, et al., 1987）。在友谊领域，当少年儿童与父母发生冲突时，就会比较排斥父母的规定，而较为倾向按照自己的方式行事。我国学者王婷（2006）在对这一领域的研究中是这样解释这一现象的："这与青少年身心发展规律有关系，也与我国的文化相关，我国文化背景下更加强调亲密的人际关系。"

在研究中我们还发现，在父母权威的合理性和遵从的判断上，初中生在学业领域对父母权威的认同和遵从程度仅次于道德领域，而高于一般个人问题和友谊领域。而在个人权限认知上，初中生对学业领域的个人权限需求明显高于一般个人问题和友谊领域。这一点似乎是矛盾的，却也不难理解。初中生在学业问题上对父母权威表示认同，也认为在学业问题上应该更加遵从父母的意见。但是，当需要做出判断"应该由谁来做决定"的时候，又提出了自己做决定的最高要求。这一领域冲突明显，呈现出一种矛盾状态。这一研究结果与国内学者王婷之前的研究结果具有一致性。

我们认为这与我国少年儿童的父母对待子女学业问题的传统态度有关。在我国"学而优则仕""活到老，学到老"的传统文化背景下，从早期教育开始父母就高度重视子女的学业问题。进入初中阶段，学习成为初中生生活的主要内容。父母在这一领域上对子女有诸多期盼，子女一方面由于传统习俗认为应该遵从父母权威，另一方面又认为学业属于个人问题领域，应该由自己来做决定，这可视为对父母过于看重子女学业问题的反抗。

2. 少年儿童父母权威认知的性别特点讨论

研究结果显示，初中男生和女生在父母权威认知 3 个变量上的得分均有所不同。在道德领域对父母权威合理性和遵从的判断上，存在显著的性别差异（$p<0.05$），女生在这一领域的得分明显高于男生。也就是说，在这一领域女生更加认同父母权威。不仅如此，从总体上来看，与男生相比，女生表现出对父母权威更高的认同度。我们认为，这与男性、女性被赋予和被期待的社会角色有关。男性被期待成为独立、自主、有主见、有想法、有控制力的人，甚至某天成为社会权威的代表，所以他们会更早地倾向去发现自己的需要和谋求自身的权利。一方面，虽然女性在当今社会也扮演着不可替代的角色，但目前社会对女性的期待仍然更多的是柔顺、服从、宽容等。另一方面，男性和女性的天性也决定了男生更加叛逆和迷恋权力，而女性更多的是服从权力。

在学业领域的评定上再一次出现了有趣的现象。在对父母权威合理性和遵从变量的评定上，女生的得分高于男生。但在对个人权限这一变量的评定上，女生的得分同样高于男生。这一点可能跟少年儿童男生女生的生理年龄关系更为相关。在判断是否要在学业问题上服从父母权威时，女生更倾向选择服从；而当选择要由谁来做出决定的时候，女生在初中时期相对于男生的早熟使她们对行为自主权有更高的期望。

在一般个人问题和友谊问题上，在合理性和遵从变量的评定上，女生得分高于男生，即在这两个领域女生比男生更加认同和遵从父母的权威。而在个人权限的评定上却恰恰相反，男生在一般个人问题和友谊问题上要求更多的自主权。这与之前学者的研究结果部分不符合（王婷，2006）。这一点上更多地体现了男生的性别性格特征，而非发展心理特征。

3. 少年儿童的父母权威认知的年级发展特点讨论

从研究结果可以看出，总体上，初中生在道德领域、一般个人问题和友谊领域上对父母权威合理性和遵从这两个变量的评定是一个随着年级的上升逐渐递减的过程，而个人权限却恰恰相反，在这一点上与之前其他学者的研究成果一致（Fuligini，1998；王婷，2006）。初三学生在这

3 个领域对父母权威的认同达到最低点，对个人权限的需求达到了最高点。我们可以看出，初中生在成长过程中对父母的权威渐渐开始质疑，这种质疑体现在各个领域，包括一般个人问题、友谊问题和道德问题等，尤其是一般个人问题和友谊问题。这种现象在初三时期达到巅峰，初三学生在个人领域的各个方面都开始不再服从父母的管制，最希望可以获得自己管理自己、自己为自己做决定的权利。

但在学业领域，合理性和遵从变量的得分在初三时都有所回升。而在个人权限认知这一变量上的得分在初三时又有所回落。此处不难理解。到初三时，初中生直接面临中考的压力，他们和他们的父母都把学业看成这一阶段最重要的事情，他们之间对学业的期待和要求变得一致，因此他们在对父母权威的合理性和遵从两个变量上的评分开始有所回升，而在个人权限认知上的评分则有所回落。我国初中生在学业领域对父母权威的认同和遵从，更多地可理解为出于传统习俗。之前国内关于亲子冲突的调查结果都表明，在这一领域的冲突是最明显的。我们似乎可以推测，如果说青少年在学业领域对父母权威的遵从更多地出于习俗传统的话，那么他们在这个领域对个人权限的要求，很可能是冲突激发的（王婷，2006）。

在友谊领域，少年儿童父母权威认知的合理性和遵从部分的得分依次递减，在个人权限部分却逐年递增，这一总体趋势表示，在友谊问题上，初中生越来越觉得人际交往是自己的事情，选择朋友和与人交往是自身的权利，父母无权干涉、更无权替他们做决定，在这一点上初中生更进一步地从父母的权威里走了出来。在一般个人问题领域，合理性和遵从的得分也是从初一到初三逐渐降低，在个人权限认知领域却逐渐升高。这表示，在这一领域中，初中生随着年龄和年级的增长对个人权限的要求也越来越高。这一点与斯麦塔纳得出的研究结论类似。

（二）少年儿童父母权威认知与儿童利他行为的关系讨论

1. 少年儿童利他行为的性别差异讨论

女生在互惠利他方面显著高于男生，而在亲缘利他和纯粹利他方面没有显著差异。这部分支持了 Oda 的研究结论，他们发现女性的互惠利他和亲缘利他水平都比男性高。但本研究没有发现女生亲缘利他更强的原因，可能是社会文化背景以及在初中阶段双方均与家庭有较为紧密的联系，而在大学阶段男生与家庭的联系相对女生较少，因而初中阶段的亲缘利他没有性别差异。

2. 少年儿童父母权威认知与儿童利他行为相关性讨论

研究结果与 Oda 等的结果不完全一致，在 Oda 等的研究中，发现只有外倾性与 3 种类型的接受者的利他行为都相关（$p<0.05$），责任心只与亲缘利他有关（$p<0.05$），宜人性只与对互惠利他行为有关（$p<0.05$），而开放性只与对纯粹利他行为有关（$p<0.05$），神经质与所有类型的利他行为都没有关系。他认为宜人性高的被试更倾向与他人形成互惠的关系，但是并没有解释宜人性与亲缘利他无关的原因。但是 Oda 解释了责任心与亲缘利他的结果，认为对于家庭成员的利他行为频率取决于家庭环境的影响，如被试与家庭成员相处的时间，责任心对家庭成员之间的关系有着直接的影响。责任心高的个体可能更重视家庭，会花更多的时间与家庭成员相处，因而会在日常生活中对家庭成员表现出更多的利他行为。Oda 的被试是在校大学生，与本研究少年儿童的被试群体存在较大的年龄差异，这可能是结果不同的一个原因。关于父母权威认知与利他行为关系的结果支持了以往关于积极的教养方式有利于子女发展出利他行为的研究（Schofield, et al., 2013）。

（三）少年儿童父母权威认知与儿童利他行为回归分析结果的讨论

回归结果显示，父母权威认知对儿童利他行为有正向显著影响。这一结果支持了 Reti 等的研究结论，即父母关爱更少干涉更多的被试神经质水平更高，与刘文婧等的研究也有相似之处。得到类似的结果让我们有理由相信少年儿童对父母的权威认知有助于少年儿童人格的健康发展，少年儿童更可能拥有较多的利他行为。

本研究探讨了父母权威认知对少年儿童利他行为的影响，研究认为：①少年儿童关于父母权威合理性和遵从的判断经历了一个随着年级的上升逐渐降低的过程，而在个人权限上却恰恰相反。初三学生对父母权威的认同达到最低点，对个人权限的需求达到顶点。少年儿童在父母权威认知单个变量上的发展趋势存在性别差异。在学业问题的个人权限认知这一变量上性别和年级的交互作用显著。初中女生比初中男生对父母权威有更高的认同度，初中男生比初中女生在个人、友谊等领域要求更高的个人权限。②少年儿童的父母权威认知与利他行为存在显著的性别差异。女生在互惠利他方面显著高于男生，而亲缘利他和纯粹利他没有显著差异。在父母权威认知中，合理性与亲缘利他、互惠利他和纯粹利他 3 种利他行为均正相关，而遵从与亲缘利他显著负相关。父母权威认知中的个人权限与互惠利他和亲缘利他均显著负相关。③少年儿童父母权威认知对利他行为存在显著的正向影响。少年儿童父母权威认知对儿童利他行为拟合效果良好，同时少年儿童父母权威认知的标准化系数为 0.816，显著性水平为 0.000，说明父母权威认知对儿童利他行为存在正向的显著影响。因此，在家庭教育中应更多采用积极的教养方式，对子女多一些正面的反馈，从而培养其与利他有关的人格特质的发展。

第三节　少年儿童父母权威认知存在的问题与教育建议

因为少年儿童父母权威特殊简单的结构，影响的长期性、稳定性，所以对少年儿童的社会化发展具有重要影响。少年儿童父母权威认知特点是随着年龄增长而逐渐发展变化的。幼年时期的父母权威认知状况不仅对其社会化发展过程有重要影响，而且对孩子的成长也有基础性的作用。很多人在成年以后不能很好地适应社会，甚至产生人格障碍、精神疾病和违法犯罪等一系列社会问题，在很大程度上与早期的亲子关系和孩子的父母权威认知有关。

一、少年儿童父母权威认知发展存在的问题

（一）父母权威作用的弱化

父母在少年儿童成长过程中是其各个领域的全面性权威，这对社会化发展来说极其重要，父母是其模仿学习的"第一人格偶像"，少年儿童往往是通过对父母权威形象和为人处世方式的模仿，对父母权威发出的那些社会规范、社会责任的判断和遵从实现对这些规范和责任的内化，并实现对自身社会角色身份的认同，达到社会化发展的目标。在少年儿童成长过程中，父母权威认知作用弱化可能会导致儿童缺少清晰的可遵从对象或可模仿对象，在内心就缺少清晰的可遵守的社会规范和社会责任。如果父母这个时候缺少正确的教养方式，没有及时地对儿童的亲社会行为予以奖赏、问题行为予以批评惩罚，儿童的道德行为品质就可能难以稳定下来。特别是当儿童面临日常道德判断冲突和内心冲突时，他们迫切需要合理的指导和中肯的建议，但他们可能很难找到这样可以依靠的权威榜样。

（二）父母教养方式的错位

很多父母坚持权威型教养方式，自身的理想没有实现就要求在孩子身上去实现，对孩子要求过高、过严，认为孩子的发展应该按照自身的要求来塑造，一味地把自己的想法、愿望强加到孩子身上，忽视孩子自主性的愿望、忽视孩子自我意识的发展和空间，这可能造成孩子成年后独立应对社会竞争的困难，一旦缺少父母的保护和支持，就会做出一些非理性或不合常理之事。有的家长采取溺爱型的家庭教养方式，或者过度保护，不让孩子独立参加社会活动、不让孩子从事一些力所能及的自我服务劳动，这可能造成孩子从小胆小怕事、畏手畏脚、压抑的性格特征；或者对孩子无原则的完全赞赏，对孩子无原则的让步，缺少对孩子不合理行为或问题行为的约束，无论孩子做得对与错，父母都一律给予表扬奖励，对孩子的偏差行为放任自流，这种教养方式很难让孩子形成是非对错的正确价值观，经常会表现出蛮不讲理，甚至有攻击性的倾向特征。中国的家长崇尚"黄金棍子出好人"的信条，在孩子顶撞家长、不遵从自己定下的规则时就采用暴力手段，这对孩子心理的消极影响无疑是很大的。心理学研究者曾经对受过父母打骂和从未受过父母打骂的孩子进行对照研究，发现那些曾经受过父母打骂的孩子表现得缺乏同情心，他们表现出更多的不文明言语、攻击行为，甚至对正在哭泣的同伴都表现出更多的愤怒、恐吓的情绪，或是直接对其进行攻击。这类孩子长大后可能缺乏同情心、性格偏激、叛逆性强，会有更多的反社会人格特征。而很少受到父母打骂的孩子更多表现出同情、共情和对同伴的关怀，表现出更多的亲社会性格特征。

（三）亲子关系的失谐与冲突

孩子与父母的互动过程中会形成基于血缘关系和长期教养关系的稳定、简单的亲子关系系统。和谐的亲子关系会表现为子女对父母的依恋关系，这种依恋关系可让少年儿童获得一种心理上的依靠、信赖和支撑，在面对外界各种突发状况时，他们的内心始终是安全的、充实的、不惊慌失措的。随着孩子年龄的增长，与父母相处的时间虽在减少，同伴、老师对其的影响在逐渐增加，但少年儿童仍然会用一种强烈而积极的方式依恋着父母和家庭，父母仍然是他们获得情感支持的最重要来源。少年儿童通过遵从具有良好亲子关系的父母权威规则获得道德知识、社会规则和风俗习惯，同时也通过从父母权威那里获得的情感支持，积极参加社会交往，从而促进社会情感的发展。如果少年儿童不能获得可靠亲子依恋关系的支持，甚至被人为剥夺这种支持，就很难产生归属感、安全感和自信心，并容易产生一系列心理上的问题，包括自卑、敌意、焦虑、抑郁等。

互联网时代也使少年儿童的思想观念发生进一步改变。少年儿童如果不能从父母那里获得符合自身需要的东西，就有可能从网络上获取，所以网络中新闻、游戏、各种资讯等信息对少年儿童的影响很大，甚至有一部分少年儿童网络成瘾，形成了现代少年儿童一些特有的价值观，如"网络至上""自由至上""宽容和大度"等。又如过去只应在现实进行的教育、交友、旅游等各种满足个人需要的形式都可以在网络中进行，这就是他们崇尚的生活方式，尽管是虚拟的生活方式，因为符合他们个人自主空间和自主发展的愿望。这会构成与父母之间世界观的差异，造成"代沟"，不可避免地产生少年儿童与父母沟通上的困难，带来双方在同一问题上不同甚至是矛盾的看法，表现为亲子之间观念上、行为上的冲突。

二、针对少年儿童父母权威认知的教育建议

根据上述研究结论，针对父母权威认知与儿童利他行为的影响关系，矫正孩子不良道德品质，需要发挥家长的教育作用，因此对家庭教育提出如下建议。

（一）更新家长教育观念是建立良好亲子权威关系的关键

家长的教育观念影响着其教育态度、教育方式、家庭氛围和亲子关系，影响其所制定规则的合理性，最终对孩子的成长产生着长期而稳定的影响。我国家长的教育观念上存在认为从事脑力劳动者才是人才、孩子是家长的私有财产和附属物、重智轻德等问题，所以应采取一定的措施促进家长教育观念的转变。这些措施可以是：科学了解诊断家长的教育观念，包括通过调查、访谈、家长会等形式深入了解家长的教育观念及其影响；家庭教育知识讲座，通过家长会、家长学校、家长专题讲座等形式，向家长传输一些现代家庭教育理论知识，做到理论联系实际、有针对性、深入浅出，立足解决家长关心的问题；创设情境增加家长亲子快乐体验，通过亲子活动、参观访问等形式，激发亲子情感、增加亲子情感体验，促进家长教育观念与直接情境的深入接触，促进其观念转变；家庭教育同伴示范，通过家长同伴介绍家教经验，提供同伴榜样示范，具有强烈的说服力和感染力，促进家长将产生的教育认识转化为实际的教育态度和行为；向子女反向学习，子女的教育心理学知识、孝顺父母的态度和行为等可以启发父母向孩子学习，转变父母对孩子的看法、对成才的看法；家庭教育实践指导，通过家长现身说法、家庭真实案例，专家现场分析教育观念存在的问题，提出正确的教育观念和做法，从而有效引导家长教育观念更新。

（二）提高父母文化素养和道德修养，改善家庭教养方式

父母是孩子的第一任导师，因此父母应具有一定的文化素养和道德修养。具有良好的教育学、心理学知识素养，在现在多元文化及价值观念背景下，对保持家长教育理性、减少简单和粗暴的教育方式、提高家庭教育质量具有重要意义。提高家长文化素养有助于家长了解孩子身心发展特点和规律，有针对性地进行教育。现代的少年儿童崇尚自由和独

立，渴望有自我发展的空间，常常与父母的权威规则和命令相抵触，不太遵从父母、教师及其他长辈的意见和要求，甚至表现急躁、叛逆、抑郁和自我闭锁。因此，家长需要调整心态，尊重孩子的独立、自由、平等的诉求，关心孩子的生活细节，保证孩子的生理需要、安全需要，对孩子多一分耐心，让孩子感到切实的满足和快乐；在提高家长文化素养和道德修养过程中，要能阐述家庭教育的地位、作用和实施正确家庭教育的重要性与紧迫性，让家长认识到家庭教育的基础性、特殊性和定向性特点，认识到身教重于言教的基本规律，家长的思想素质和言行对孩子的利他行为习惯养成具有重要影响作用，家长的关心帮助、文明礼貌、不说假话、待人和蔼、为人诚恳会给孩子树立良好的示范、建立良好的威信，有利于孩子克服粗鲁、庸俗、享乐等不良行为，杜绝滥酒、赌博、腐化堕落等恶习；帮助家长理解自身在少年儿童发展过程中的主导作用，特别是在人生观、世界观、价值观、伦理道德品质形成过程中的主导作用，主动承担起引导教育孩子的社会责任。不要因为孩子在家长面前有放荡不羁、顶撞等行为，就选择放弃或者削弱自己的教育责任。因为这些行为背后有各种原因，需要家长的耐心和付出。

　　权威不仅仅是父母、教师与社会上的成人，而是一个很大的有深刻内涵的群体。权威不可避免地存在于我们的生活中，在一定程度上是知识与技能，规则与观念的维护与传播者，所以儿童在社会化的过程中应该去服从权威，认可权威从而在自己的知识与观念方面进步，并且通过自己的内化，再次在社会发展过程中起到知识与观念传播者的作用。另外，社会在发展，时代在前进，对于权威的知识与观念而言，必然也带有保守性的一面，所以儿童在社会化过程中也必须发挥个体的积极主动性，以正确的、发展的眼光看待权威。初中阶段学生的身心都发生着巨大变化，在这个过程中，少年儿童渐渐对自主权有了越来越多的需求，父母常常因为一时无法适应而做出不当的行为。除了学业问题，家长也应该进一步了解学生在身心等其他方面的需求，给予他们更多的自主权，而不是一味地提出要求和干涉。学校可针对这一情况与家长多交流，促进家长观念的改变，使家长在学生成长的过程中能够更好地陪伴，能够真正了解并满足他们成长中的需要。

（三）建立良好的家庭氛围和环境，通过亚平等亲子关系促进亲子关系发展

亚平等亲子关系不是平常所理解的完全平等交往关系，而是父母在这种关系中起主导作用，在多数领域具有权威性，但在孩子个人生活领域又可以平等协商的关系。在与孩子之间观点不一致时，父母要从思想上认识到孩子有自己的思维方式和兴趣爱好，而不是把自己的理想观念、自己的兴趣爱好、自己的行为习惯强加于孩子身上。如有的家长不与孩子商量，认为让孩子学音乐、学舞蹈都是为孩子好，完全不考虑孩子的实际情况。家长在做与孩子有关的决定时可以与孩子商量，允许孩子发表自己的看法，甚至可以提出不同意见，从而让孩子自主发展的愿望在家庭环境氛围中得到体现，这样有利于孩子从小形成独立思考的能力和习惯。家长在家庭环境氛围创设中，要学会与孩子平等沟通，不要事事居高临下给孩子下达命令。家长要留出一些时间和精力与孩子耐心沟通、平等沟通，这是增进与孩子之间情感、拉近心理距离的重要方式。家长与孩子耐心平等沟通需要家长做到以下几点：一是要能创设一个平等、畅快的沟通氛围。在沟通时，没有咄咄逼人，不打断孩子，让孩子充分表达意见，让孩子充分信任父母，有安全感和归属感。沟通时允许有不同意见，不强迫孩子接受自己的意见，甚至允许孩子尝试错误，让孩子自己去探索形成是非观念和解决问题的办法。二是要定期沟通。沟通要保持一定的频率，每周应能沟通 1~3 次，随时了解孩子的情况，尤其是理解孩子成长过程中遇到的困惑，帮助孩子及时宣泄不良情绪，增进心

理健康。三是要给孩子发泄情绪的机会。在沟通关系中父母常常居于主导地位，如果父母地位过于强势容易让孩子感到压抑和不适，因此要能给孩子发泄情绪的机会，即使是对父母愤怒的情绪。这样能让孩子感到与父母的沟通是自由的、畅快的，在遇到困惑时、有心事时才愿意向父母诉说以寻求帮助。

亲子之间的接触免不了会产生冲突和摩擦。事实上，在一定范围内的冲突有利于彼此之间的了解，可以增进双方的情感。但是倘若亲子冲突过于频繁、过于激烈，将会对亲子双方情感上造成难以愈合的创伤，因此掌握冲突的有效处理机制对少年儿童和父母来说都是必要的。父母学会亲子冲突的有效解决办法所起的作用更大，因为良好亲子关系的维系关键在于家长。在处理冲突时，父母应该考虑到子女已有的心理发展水平，尊重子女的心理需求。子女应该学会站在父母的角度思考问题，不要以自我为中心。对彼此的尊重可以使亲子关系更和谐，父母权威得以维持。

（四）提高家长自身的心理健康水平是促进少年儿童父母权威认知关系发展的重要因素

孩子心理问题或情感上脆弱与父母的心理健康水平有密不可分的关系，特别是与母亲的心理健康状况联系更为紧密。现代社会竞争激烈、就业失业压力加大，任何人都希望家庭是温暖安全的港湾、可以自由释放的场所，如果在外面遭遇不公、失败和挫折，就回家找孩子发泄，让孩子成为父母委屈的"靶子"；父母重智轻德的教育观、成才观，在实际教育过程中表现为一旦孩子的学业成绩下降或较差就会遭遇到父母的冷漠、粗暴对待；如果孩子对父母不礼貌甚至顶撞父母，父母就大动肝火，冷淡、简单粗暴地对待孩子，有时甚至暴力对待孩子，这些都会影响孩子的心理健康。少年儿童的思维有其独立性，有自主发展的愿望，但由

于人生经历和社会经验的缺乏，情绪容易剧烈波动，他们希望摆脱父母
的管教但又无法摆脱，在出现上述情况时易发生亲子冲突。当孩子顶撞
父母，而父母采取过去惯常的方式对待孩子，希望孩子能够服从时，就
会发现已经难以解决与孩子的冲突了。此时对待孩子的方式可能走向另
一个极端：冷漠、拒绝、听之任之，这些都可能伤害孩子自尊、自信，
影响孩子身心健康发展。因此，提高家长自身的心理健康水平，加强父
母情绪的调节、控制，是促进少年儿童父母权威认知关系发展的重要
变量。

（五）扭转父亲"淡出"家庭教育的现状，重视发挥父亲的教育作用

在我国的家庭教育中，父亲"淡出"家庭教育的情况较为普遍。有
研究发现母亲有单独承担家庭教育责任的趋势，而且父亲在家庭教育知
识方面较之母亲明显要少（孟育群，李强，2001）。这与目前我国家庭成
员的社会责任分工有关，我国一直有"男主外，女主内"的传统家庭分
工观念，父亲的职责是努力工作、挣钱养家、保护家庭免受伤害等，家
庭内部事务包括教养子女是母亲的责任，父亲在教育子女上花时少、精
力投入少，在孩子面前的表现就是"严父"，对孩子采取简单粗暴的教育
方式，无视孩子的自由、自尊等独立人格，导致父亲在教育子女方面"淡
出"或失职的现实问题。其实父亲在孩子成长过程有不可替代的重要作
用，在孩子需要力量保护的时候、有力执行规则的时候、社会活动指导
的时候，以及闲暇时间的陪伴、待人接物、从事社会职业的内容和方式
等方面，父亲都是主要的指导力量，而且很多方面都已经不是母亲角色
所能够承担的。孩子的成长既需要父亲也需要母亲，需要的是整个家庭
的关爱，父母在孩子的成长过程是不可或缺、不可替代的。

（六）合理满足少年儿童自主权需求，重视发挥其发展主体作用

少年儿童身心成长过程中，其身心都会产生很多变化，在孩子幼年

时很多教育方式到青少年期后可能就行不通了，父母的教养方式上应该有所调整。这个过程中最重要的变化就是孩子日益高涨的自主决策权的需求，父母必须去面对这个需求但又不能让孩子失去控制，不能破坏家庭原有的温暖、和谐、团结的氛围。在给予孩子一定的决策自主权的同时，家长要帮助孩子在朋辈支持和家庭支持之间寻求某种平衡甚至更多转向朋辈支持，还要避免孩子形成对朋辈支持的过度依赖。要做到这点并不容易，有研究发现缺少自主决策权的少年儿童会形成更多朋辈依赖，并产生逃学、逃课等行为不良问题（Fuligni, et al., 1993）。

　　在满足孩子自主决策权的同时又不能让孩子失去原有家庭氛围，以防产生矛盾。这些矛盾差异主要表现为：在认识上，孩子会认为自己很多个人方面的事情应该自己做主，如看电视和看电视的时间，而父母则认为孩子不能在这些事情上做主；在期望上，孩子期望自己应该有越来越多的自主权，而父母则认为孩子没有成年前的所有事情仍由父母做主；亲子之间的内在冲突，子女认为自己得到的自主权太少，父母则认为不应该那么快就放权给孩子。父母始终用一种静态的眼光去看待孩子，认为孩子无论在哪一个年龄阶段都是孩子，都不应该自己做主。很多家长自身缺乏必要的灵活性，不善于从孩子角度去思考问题。这实际上在提醒我们应该对自己的教养方式做一定的调整，这些调整包括但不限于：设定好行为的标准，这个标准应该简单明了，容易执行，并努力维护；应该有一定的奖惩手段，对表现好的行为与不良行为进行鼓励和抑制；允许在家庭中有更多的"拿"和"给"的讨论；关注孩子的日常活动，但避免给予更多干涉；提供更多社会交往信息，帮助孩子发展更多的社会交往技巧。

　　（七）注重对少年儿童的父母权威关系教育

　　可以通过开展团体活动、专题讲座等形式加强对少年儿童父母权威关系、亲子关系教育，教育少年儿童认识自己、认识父母、评价与父母权威之间的关系，与父母建立正确的依恋和信任关系，使自己逐渐成熟和社会化。首先要教育其如何认识自己。认识自己比认识他人更困难，卢梭就曾经说过"自己比伦理学家们的一切巨著都更为重要，更为深奥"。①教育少年儿童认识自己，认识自己的优点和缺点、自己能力的范围和限度，这样在自己能够完成任务的领域自主决策，在不能完成任务的领域更多遵从父母权威，既不无原则地遵从父母，也不与父母产生激烈冲突，从而与父母建立合理的权威认知关系。②教育少年儿童懂得感恩父母、孝顺父母的传统美德。如可组织少年儿童参观福利院等集体活动，让孩子理解父母养育儿女的艰辛、理解父母对子女深沉的爱心，珍惜父母爱的宝贵，激发其感恩之心，同时认识到父母的溺爱问题，学会独立自主。③教育少年儿童学习模仿父母待人接物、为人处世的社会经验。父母的人生经历、社会经验会毫无保留地交给自己的孩子，但少年儿童仍要学会分辨父母经验中的利弊、合理与不合理部分，对有利、合理的部分应该遵从，对错误、不合理的部分，可以主动与父母沟通，并切实落实到实际行动上。④教育少年儿童锻炼自己的自立能力。也就是说，要教育少年儿童不要提出超出父母能力的要求，要更注重自身的学习。通过劳动教育、户外活动等形式，开展自我服务、家务劳动、生产劳动等训练，锻炼少年儿童的独立自主能力，养成克服困难的坚强意志品质。

第四章
少年儿童社会权威认知的发展及其与利他行为的关系

少年儿童对规则的遵从遵循了从一边倒地服从到不服从的发展趋势。皮亚杰（1984）认为，儿童认为应该服从成人权威是因为成年人年纪大、力量大、能力强，能解决很多问题。劳帕等（1991）在过去研究经验基础上发现在少年儿童众多的权威特征中有 3 个特征最为重要，分别是成人身份、知识、社会责任或社会地位，如被试在判断成人指令的合理性时更加看重成人知识水平和社会地位，较少看重成人身份，甚至还会考虑一些其他因素。

按照一般情况来说，在同一个文化背景下生活的同时代的人一般有大体一致的价值观，遵守相同的价值规范。利他行为是亲社会行为中的一种，也会受制于当下的社会制度、文化背景中的价值观和行为规范。少年儿童以行为的情境性和依赖性为特点，所以他们的利他行为具有明显的亲缘性和模仿性，尤其易受到身边权威人物的影响。中国文化强调教育儿童尊重权威和比自己社会地位高的人，强调集体利益高于个人利益，也就是利他主义。那么儿童对权威命令是怎么判断的？他们权威认知水平的发展，对权威命令的判断有何影响？对他们付诸利他行为又有什么影响？这需要从教育学、心理学、社会学、传播学、哲学等多学科角度对少年儿童社会权威认知的表现形式、机制、特点、规律以及存在的问题、教育策略等进行系统研究，通过有效引导少年儿童的社会权威认知的积极影响，减少其消极影响，帮助树立正确的人生观、价值观，增加其利他行为，具有重要的理论意义和现实意义。

第一节　关于少年儿童社会权威认知的基本问题

我国自古以来就有重视社会权威教育或榜样教育的作用的传统，思想家们提出了"行之以躬、不言自信""见贤思齐，见不贤而内省也""教者必正"等很多有价值的思想，至今仍然有非常重要的指导作用。我国社会权威认知教育大致可以分为萌芽阶段、发展阶段和繁荣阶段。其中，萌芽阶段（1949—1978 年）重视内涵界定和具体形象宣传塑造，具有"重实践、轻理论"的特点，用各类社会权威人物的精神、事迹来教育少年儿童，产生了良好的社会效果；发展阶段（1978 年—21 世纪初）开始重视基础理论研究，对社会权威认知教育中的内涵、理论、原因、实践问题进行了探讨；繁荣阶段（21 世纪初至今）基础理论越来越完善，并开辟了一些新的研究领域。这一阶段也面临着社会权威的一些负面影响、传统社会权威的重塑等问题。总之这一阶段，理论更加丰富明确、体系更加完善、成果更加丰富。

一、少年儿童社会权威认知的概念、来源和特点

简单地说，权威就是指个人或群体对他人或群体的影响。邹晓燕（2006）认为权威是在社会体系中表现出来的制度化和合法权力，以及行使这种权力的个人。权威从本质上来看就是一种服从关系，只有当一个人认识到另一个人比自己有更深刻的认识时，他才会甘愿接受这个人的

指导，所以权威客体是否自愿服从权威主体取决于他们本身的认识水平。恩格斯认为权威关系包含"把别人的意志强加于我们"和"以服从为前提"两个特征。杨萍（2001）认为权威一般有两种表现形式：正式权威和非正式权威，根据定义，本研究讨论的社会权威应属于非正式权威。权威最初作为一种社会现象，最开始表现在政治领域，但是随着历史的发展，社会生活领域的逐步分化和人类认识能力的日益增强，权威现象也逐渐扩展到教育、经济、文化等领域中，分化出多种不同的形式，如父母权威、学校权威、同伴权威等，其中学校权威还包括校长权威、教师权威等。

（一）少年儿童权威认知的概念

权威认知主要是指对权威关系的认知，即对权威者与权威对象间影响与被影响、支配与服从的关系的认知（亚历山大·科耶夫，1954）。杨萍（2001）认为权威有两种主要的表现形式：①正式权威，是指按法律、章程、条例等通过正式手续赋予某群体或某个人以某种权力。②非正式权威，具有这种权威的人本身并没有什么权力，然而由于他的某些突出的个性品质，特殊的生活经历或某种学识在广大人民群众中的影响，或在非正式小群体中由于某人在人际关系中的吸引力和所处地位而产生的影响，并得到其他成员自发的承认。社会权威在政治学中主要是指权威的社会化，即权威向社会纵横度上扩展和深化，体现社会公众对权威的认可和接受程度与状态，具有普遍性、场域性和批判性。仇文利等（2015）认为社会权威是指社会组织在履行社会资源分配、组织分工等社会职能，行使管理国家社会事务权力时支配他人所拥有的威慑力。谢嘉辛（2000）认为社会权威分为暴力权威和资本权威。根据权威主体的不同，李松玉认为（2003）可以将社会权威分为自然力权威、人的权威、资本权威和制度权威。一般来说，少年儿童社会权威认知是指少年儿童对社会生活中使人信从的社会力量的认知，可以是事物、群体或者个人，一般是根据他们的社会地位、社会活动能力、成果以及获得的权力而产生并起作用的。

德国社会学家韦伯将社会权威认知分为法理权威、传统权威和感召权威 3 类：法理权威，受法律规定和制约，与科层制相适应；传统权威，受习俗习惯所制约，与宗法家长制相适应；感召权威，具有与生俱来的高度感召力。社会权威也可根据权威特征，分为宗教权威、大众权威和思想政治权威，其中宗教权威代表某种神圣的东西，警戒和规范着人们的行为。现代社会宗教权威的意义已经发生重大转变，宗教权威可能不再是神灵本身，而是可能代表着个体的某种人生坐标或人生方向；大众化权威不再是少数权势者的特权，不是天生的也不是世袭继承的，可以通过个人努力成为其他人崇拜的权威，他们总有在某方面超越他人、值得别人效仿和尊重的领域，绝对不是通过社会关系、通过权力和金钱造出来的；思想政治权威指在思想道德素养方面具有较高的素质和修养，或者具有某些典型意义和典型价值的人、事迹，也就是说在思想政治领域有所建树，可以成为人们价值观念的榜样。

本章研究的社会权威认知对象主要是使人信从的社会群体或个人，根据小学生的实际情况，选择了 3 个主要的群体或者个人，分别是警察、医生和校长。国内外一般都设定两难故事情景和临床谈话法考察儿童对故事中权威人物的行为、指令的认知与遵从，以此来测量少年儿童的权威认知。

（二）少年儿童社会权威的形成过程

少年儿童社会权威的来源是社会各个领域的主导力量，他们通过提供人们效仿的领域或为社会树立某种形象，引导人们在这些领域的实际行为和价值观念。如思想政治权威可以把那些能代表社会进步的价值观念和事迹，通过促进他人对代表这些价值观念的典型符号的认识、了解和认同，从而自然地接受，如古代君王可以通过耕田这种象征性行为，赞扬并肯定百姓投入农业生产的积极性，表明农业生产具有重要地位。少年儿童社会权威的形成实际上是由一系列具体环节所构成的。

1. 社会权威人物的选择

选择作为社会权威的人物必须要有超出其他人的一些优势，如成为社会权威往往意味着在名望、成就、地位等方面拥有更多的资源，如学业成绩优异、家庭经济地位较高等。为了获得权威者的地位，竞争者往往会利用各种资源和力量，而如果那些不具有相关资源和力量的人被硬性规定为权威的话，大众就会对社会权威供给的机制产生不信任，那么社会权威就不再是权威了。选择社会权威人物，特别是选择少年儿童的社会权威人物还需要回归现实，要是少年儿童身边看得见摸得着的现实中的人，而不是遥不可及的神像。权威之所以成为权威，是因为他比别人更努力、更有成绩、道德高尚，但这些权威最好回到日常生活之中，回到少年儿童身边，否则树立的这些社会权威将成为无用的摆设。

2. 社会权威的培养塑造

要成为社会权威就需要具有某种典型意义和典型事迹，这些人物一旦被选择出来作为权威或榜样，就需要将其观念、情感、行为都融入其事迹之中，这就需要一个培养塑造的过程，促使大众接受这种意义和价值。如果不对权威人物的优势和典型事迹加以培养塑造，权威人物本身的复杂性可能会减少其正面影响，因此需要对社会权威人物进行一定的培养塑造，为权威人物赋予一些正面的价值观念、情感和利他行为，使权威人物所具有的典型意义更突出、更集中，使社会权威更好地向他人传递正面信息，增加亲社会的利他行为。

3. 社会权威的宣传介绍

各类社会权威某一个领域或部分领域的话语权，具有一定的社会资源控制能力。虽然互联网的出现，使所有人都有表达自我意见的自由，但仍然改变不了社会权威人物在这些领域对社会资源的控制局面，有的时候其他人不得不接受社会权威人物的价值观念和定性意义。这就需要社会权威人物在宣传介绍时，当然这里的宣传介绍既包括对其本身的宣传简介，也包括其所做的宣传讲解，要能符合少年儿童的共同期望，符合社会文明进步的需要，以发挥社会权威人物的正面指导作用。

（三）少年儿童社会权威认知的特点

少年儿童时期是一个人学习和成长的关键时期，一方面，他们身心逐渐趋于成熟，对父母、教师和其他成人既想拒绝又无法拒绝，想摆脱成人的管教，不断自由独立；另一方面，心理发展的滞后性又使他们难以独立应对外界的挑战，需要成人帮助他们应对突然到来的迷茫和矛盾。

1. 少年儿童社会权威对象选择典型化、名人化

在少年儿童社会化发展的过程中，同时也是其个性成熟与发展的关键期里，在认知、情绪、行为等各个方面会有一些特殊的行为反应，如叛逆、自尊、情绪波动等，而且还会关心幼年时从未关心的问题，如人类生活、伦理道德、社会历史等问题。因此少年儿童在遵从社会权威时会有不同于遵从教师权威、父母权威的不同特点。这些特点主要表现为，在理解社会权威行为合理性、模仿社会权威时表现出冲动性心理活动倾向、超现实的情感体验、过度的行为反应。少年儿童在模仿权威时会有超越通常理解标准的行为倾向，如打听、讨论这些社会权威的隐私、刻意模仿社会权威的生活方式而放弃自己原有的生活方式；在超现实的情

感体验方面会有陷于与社会权威对象的幻想相处状态、不由自主的情感体验；在过度行为反应方面，会有过于激动、兴奋甚至冲动的行为反应。这些特点可能会对少年儿童社会行为发展产生消极影响，因为可能会降低其对学校和学习的兴趣、热情，甚至使其陷于低级趣味，但仍然对其社会化发展具有重要意义。由于以上心理特点，少年儿童在选择社会权威对象时会趋于典型化、名人化，他们选择的社会权威对象是具有鲜明特征的，能够同少年儿童心理倾向产生强烈共鸣的那些社会人物，如雷锋、刘胡兰等社会权威人物深刻地影响了一代人的精神风貌，这些社会权威人物舍己为人、英勇无畏的人格形象极大地影响着少年儿童的个性发展和社会行为表现。

2. 少年儿童对社会权威的心理认同性

少年儿童选择的社会权威对象主要包括典型同伴、杰出人物和名人偶像等，这些对象在某一方面具有超出别人的典型特征和社会成就，如学习成绩、多才多艺、非凡能力、重大贡献等。这些优越的特点和表现与传统道德教育所倡导的助人为乐、服从纪律、大公无私等品质要求有所不同，但他们成功的典范价值就在于其强烈的情感色彩感染甚至支配着少年儿童的内心世界，他们甚至深深地为这些社会权威人物所吸引，并产生强烈的情感共鸣，让自己整个身心都融入学习模仿权威的精神世界之中。少年儿童生理和心理都处于发展的高潮期，他们有建立父母之外的情感依恋的需要、有自我归属感的需要，有崇拜、爱慕、学习模仿等自我发展的需要，需要更多、更完美的形象作为情感依恋和心理归宿的对象，光环之下的名人、影星、亲朋好友正好充当了这个角色，容易引起少年儿童的强烈关注。由于少年儿童选择的社会权威能够引起共鸣的个性形象、超出他人的成就，少年儿童对社会权威容易形成心理认同。

少年儿童本身的情感非常丰富，对父母的孝顺、对他人不幸的同情、对权威的崇拜、对社会的责任心等都是一种将心比心的积极进取的情感体验，他们容易对社会权威对象产生移情体验，设身处地去理解社会权威的心态和价值观，从内心深处产生崇拜情感，并获得心理满足感和情感共鸣，成为个人自我成长的动力。

3. 少年儿童社会权威认知绝对化

少年儿童社会权威认知绝对化是指对社会权威特征和社会权威形象的一种极端化认知。少年儿童由于缺乏社会经验，容易对社会权威对象进行片面化理解，容易爱屋及乌、以点概面，把社会权威身上的一切都看得尽善尽美，即使权威身上有一些明显的缺点，也容易被淡化甚至看成优点。如果喜欢某个权威，就喜欢这个权威身上所有的特点，无论这个特点是否符合伦理道德要求，这易导致少年儿童失去批判思维能力。一般来说，可引导少年儿童减少关注权威人物的外部形象，多关注权威人物的价值观念，真实、合理、客观地看待权威对象，促进少年儿童自我调节能力提升和心理平衡。

4. 少年儿童社会权威认知的情绪化

少年儿童时期是其与父母联系减弱、与社会联系增强的过渡期，在失去旧的情感依托和表现形式之后，少年儿童的同伴依恋、朋辈依恋和其他社会权威学习模仿就是其需要寻找的新的情感依托和情感表现的完美形式，因此少年儿童的社会权威认知带有强烈的情绪性，这有利于使少年儿童的激烈波动情绪逐渐趋于稳定。少年儿童一旦对某个社会权威产生情感依恋，就会表现为全身心投入、绝对支持和拥有强烈的情感依恋。

二、少年儿童社会权威认知的心理机制

少年儿童情绪自我意识逐渐增强、兴趣广泛、求知欲强烈，摆脱父母、追求独立的倾向逐渐增强，他们试图摆脱对父母、老师的情感依赖，重视与同学、朋友的交往，希望获得同龄人的认可，寻找新的情感寄托，享受在同龄人中的价值感。他们容易把社会权威对象，包括成绩优异的同学、取得成就的朋友、社会楷模、有力量的其他成人所具有的突出才华和优秀成绩作为自己的参照，想象和憧憬未来的成就，以满足自己的理想追求和情感寄托。另外，由于社会权威对象的实际情况远比理想状况更复杂，加上少年儿童社会经验欠缺、认知水平限制，往往被动学习模仿社会权威对象、无法深刻理解权威人物背后的价值内涵和行为后果，容易陷入盲目跟随甚至盲目崇拜的境地。总体上看，少年儿童权威认知可以激发其不断进取的信念、积极向上的成就动机，还可以帮助少年儿童化解成长中的烦恼，实现自我超越，丰富他们的内心情感世界，帮助他们走上成功的道路，同时也使少年儿童养成健全人格，促进其身心健康发展。

（一）社会权威认知是少年儿童认知从不成熟到成熟的阶段性表现

由于其自我中心主义的影响，少年儿童抽象逻辑思维、批判性思维都没能充分发展起来，表现为不稳定、不成熟，社会经验欠缺，对理想和现实的区分还较为僵化、远没有成年人那般完善。在面对社会权威对象的时候，由于其认知水平的限制，少年儿童缺少对现象、价值观念和行为表现的批判性认识，可能会沉浸于对权威对象无条件地认同、无选择地接受之中，忽略了背后人格影响力和努力等后天因素的影响作用，也忽略了对利弊选择的基本判断。少年儿童对社会权威对象的认同和过度学习模仿，夸大了自我被权威对象、周围人群关注的情感体验和程度，

表现为对权威对象过度的情感依恋状态。因此，少年儿童对社会权威对象的过度依恋或过度学习模仿根源于对自身缺乏客观性和合理评价，没有考虑自身的学习基础和现实条件，盲目夸大了自身要求，把自身的价值观念和目标确定为与社会权威对象一样的标准。随着年龄的增长，认知水平的提高，他们会慢慢认识到每个人的实际情况是不同的，通往成功的道路也是不同的，从而开始合理地确定自己的发展目标。

（二）少年儿童社会权威认知是社会舆论力量推动发展的结果

同辈群体的观念和做法往往会形成一种社会舆论，深刻影响少年儿童的社会权威认知表现。如果少年儿童的优秀同伴拥有某种兴趣爱好，则他也会因为优秀同伴的号召作用害怕被同伴群体孤立而倾向模仿优秀同伴去学习这种兴趣爱好。这种被同伴群体特别是被优秀同伴接纳的心态促使学习相同的兴趣爱好成为一种时尚，自己与同伴特别是优秀同伴有共同语言、能与周围同龄群体融为一体，能产生一定的情感归属感和满足感。社会权威之所以成为权威还与电视等媒体宣传包装的效果有密切关系。网络媒体、电视媒体可以通过制作精美的图片和影音，通过高频次的宣传，迅速扩大网络受众、电视受众群体的名气，塑造大量的公众人物和社会权威人物。加上少年儿童缺乏社会经验，对媒体宣传中权威人物的言行、衣着、生活方式等不假思索地认同和接受，也使社会权威认同渗透到少年儿童的日常生活之中，从而强化了社会权威对象在少年儿童中的认同趋向。

（三）少年儿童社会权威认知是拓展精神需求、实现自我同一性的重要途径

少年儿童已经不再满足于父母、老师或家中长辈提供的情感需求，他们急切需要弥补脱离父母后或者说在父母之外的情感依恋，以丰富、拓展他们的情感生活，寻找更多自我存在的价值。美国心理学家埃里克

森将少年儿童发展阶段称为角色冲突和寻找自我同一性的过程，认为人一出生就在寻找自我统一性，只是在这一阶段表现得比其他阶段都更为强烈和深刻。社会权威对象往往具有某一领域的特长和优势，容易获得少年儿童的认可和接纳，是少年儿童成长过程中实现自我理想的最佳代表和学习榜样。少年儿童在认知社会权威的过程中实际上也是不断自我否定的过程，一般会投射理想自我的很多成分。在现实中，个体无法达到理想自我的程度，于是便痴迷于社会权威对象的某个特质（如外表、地位、成绩、财富）来达到想象中的理想自我状态，从而实现暂时的心理平衡和心理健康状态。

三、关于少年儿童社会权威认知的现状研究

对儿童权威的研究始于皮亚杰的道德发展研究。在这之后，达蒙（1997）利用两难故事法，对 4~11 岁儿童的权威概念进行研究，发现儿童权威概念的发展呈现阶段性的变化。在达蒙的影响下，关于儿童权威认知研究迅速受到发展心理学家们的关注，研究的主要内容是父母权威问题，研究对象也由儿童扩展到青少年。随后，Bengtsson 等（2003）研究发现，儿童报告显示顺从权威感觉很不好，他们认为权威关系包括强制性和合理性这两方面的相互作用，才导致了顺从。劳帕（1994）的研究认为，儿童在进行权威判断时，会考虑成人角色影响。他在后续研究中发现，在进行权威判断时，儿童也会考虑知识和社会地位，并且占主要地位。Tisak 以儿童为被试，研究表明，随着年龄的增长，儿童已经认识到父母的权威有一定的界限。Eisenberg（1986）在研究中指出，权威认知是指在对权威的认知过程中对某种心理状态的觉知能力和一般知识，即指对权威关系和权威特征的认知。

国外对儿童权威认知的研究比较丰富，主要集中于少年儿童对各种权威认知的发展研究，对父母权威认知、教师权威认知和学校权威认知

的研究较多。儿童权威认知现象从 4 岁就开始了，如安秋玲等（2003）研究发现，儿童权威认知最早出现在 4 岁时，并且随着年龄的增长而发展，是儿童社会化发展的重要途径之一。大量研究对少年儿童教师权威认知的机构、特点、影响、教育策略等内容进行了研究，如：李雁勇（2020）研究证实中小学教师权威认知由权力认知和威信认知构成，并且也研究了外显和内隐教师权威认知，确定它们是两个相对独立的认知结构；林俊杰（2015）指出小学儿童学校权威的服从比例随着年龄的增长会逐渐降低，服从比例从低到高依次是同伴权威、教师权威、校长权威；曲媛媛等（2015）研究发现农村学生比城市学生更愿意服从在规则等客观方面的教师权威；张风等（2016）研究发现，少年儿童对教师主观方面的权威认同度随着年龄的增加而降低；张文娟等（2012）研究发现少年儿童对教师权威的认知受自我意识的影响；面对学校权威和社会权威，儿童倾向服从，而面对父母权威，儿童则倾向协商沟通，所以安秋玲和陈国鹏（2003）认为儿童面对不同的权威表现出的应对策略不同。针对少年儿童父母权威认知，研究者对其特点、发展趋势、影响因素进行系列研究，如：秦亚伟（2015）研究认为少年儿童父母权威认知存在领域差异和年级差异，随着青少年年级的升高，儿童父母权威认知的合理性和遵从性下降，个人权限认知升高。在公正-父母权威判断中，年幼的儿童一开始不能分辨公正与权威，但是随着年龄的增长，发展为考虑其他因素的服从，但也有可能会因青春期的自主性和独立性增强使其再次反抗父母的权威；朱龙凤（2012）将父母权威分为为人处世、日常生活、工作生活和抉择遵从 4 个维度，并且还发现，青少年更加认同父母在为人处世领域的权威，儿童将父母作为知识权威的认知水平随着年级的升高而降低，而升入高中之后的考试焦虑与父母权威认知各因子相关；王美萍（2006）研究发现与父亲权威相比，母亲权威更能被青少年所认同，并且这种特点不会随着青少年的年龄和性别的变化而变化，并且父母教养方式的不同也会影响他们对父母权威的认知；王婷（2006）研究分析了少年儿童与其父母在不同领域权威认知的特点，如自我概念、个性、自我意识、依恋和家庭教养方式等。

专门研究少年儿童社会权威的文献不多，散见于对个别社会权威人物认知的研究，如李倩雯（2019）对儿童权威概念进行了空间隐喻关系研究；陈晓云（2004）认为警察作为公共人物权威符号对儿童具有不可忽视的影响，并且儿童对警察作为公共人物的身份和作为对付犯罪行为的专业权威具有很高的认知程度。现将少年儿童对各类社会权威人物认知特点概括如下：

（一）少年儿童社会权威对象选择具有年龄特征

少年儿童选择社会权威的高峰年龄阶段是 9~13 岁，其中初中生拥有最多的社会权威数量，其次是小学生，最后是高中生，可见高中生对社会权威的认可和接纳是最低的，这显然与高中生逐渐成熟的认知结构和自我意识有密切关系。对社会权威指令的服从情况也是随年龄而变化的，7~11 岁的儿童一般以服从为主，13~14 岁是个转折点，开始向不服从行为转化，到了 16~17 岁高中时期就表现为以不服从行为为主了（安秋玲，刘金花，2003）。随着儿童年龄的增长，他们开始意识到别人是根据自己的情况做出判断，那么他们也可以根据自己的行为提出自己的意见和建议，所以少年儿童非常关注别人对他们的看法，为了获得成年人的关注，他们往往表现出以服从为主。但到了少年儿童后期，随着自我意识水平的提高，他们渴望获得自主和自我发展，表现在行为上就是以不服从为主了。少年儿童选择社会权威对象具有时代特征，新中国成立前曾经崇拜过思想大师、京剧名伶，新中国刚刚成立时崇拜劳动模范和优秀科学家，20 世纪 80 年代开始崇拜娱乐型偶像或消费型偶像，90 年代崇拜知识精英和企业家，进入 21 世纪少年儿童崇拜的权威呈现多元化倾向。

（二）少年儿童对社会权威内在品质的认同甚于外在形象

从少年儿童容易认同的社会权威特征看，多数人会选择权威对象的优异道德品质（爱国、无私奉献等），其次才会选择才华、成功、人格魅力等特征（孙宏艳，2012）。少年儿童多数还是生活在校园里，他们在校园里的交往情况也能在一定程度上反映其社会权威认知状况。在校园里的少年儿童思想单纯，很少受世俗观念影响，他们的交往对象多为自己的同班级同学，少数学生会把交往范围扩展到学校层面，但绝大多数交往都发生在校园内，并开始与同学结成一些非正式小群体，在遇到困惑时更愿意与小群体的好友倾诉。多数同学表示选择密切交往对象的首要因素是道德品质高尚、人格因素好，其次才是成绩好、头脑灵活，只有个别少年儿童选择"富贵、大方"作为交友标准（齐学红，等，2012），较少选择外在形象、金钱、生活习惯等。

（三）少年儿童对现实成人多采取拒绝策略

少年儿童对成年人特别是父母将自己与一些社会权威人物做对比会产生反感，他们更喜欢一些深度接触社会权威人物的教育方式，如参观名人故居、让权威讲解自己的优异事迹和奋斗经历、与学习成绩优异的同学交朋友、与社会权威人物共同参加一些集体活动等（孙宏艳，2012）。这说明少年儿童更喜欢与他们生活接近的方式，对容易与他们产生情感共鸣的权威对象产生认同关系，并服从他们的教育要求。安秋玲（2003）也研究发现，少年儿童在应对社会成年人发出的指令时多采用拒绝策略，这可能与父母对他们的教育方式和交往范围有关。少年儿童父母一般会教育孩子要远离陌生人，他们的交往范围也更多是家庭和学校，与社会成人接触少，对社会成年人的防备心理强。即使对于熟悉的成年人，随着自我意识的增强，他们自主愿望强烈，对社会成年人特别是陌生人的指令多会采取拒绝策略。

（四）少年儿童对社会权威人物选择容易受到社会舆论的影响

少年儿童在选择社会权威对象或者在认同社会权威特征时往往会受到网络、电视宣传的影响，如少年儿童在了解社会权威人物包括警察、影星、科学家等时往往会从贴吧、论坛、官方网站、相关博客、QQ 群等渠道，这些宣传渠道对社会权威人物的价值观念、社会行为进行宣传，深刻地影响着少年儿童对社会权威人物的认知。如：媒体宣传的娱乐化、消费化倾向，容易使少年儿童更加关注权威的消费行为；媒介宣传的拜金主义、享乐主义，容易让少年儿童崇尚权贵和财富；媒介对科学家单一、刻板的宣传，容易让少年儿童形成科学家不灵活、清贫的印象等，因而需要强化网络、电视等媒介面向少年儿童宣传内容的职业道德审查，避免不良的宣传形式对少年儿童的消极影响。

四、少年儿童社会权威认知的影响因素

儿童社会权威认知的影响因素可以分为外部因素和内部因素。外部因素主要包括权威特征、命令的性质、问题发生的领域等。劳帕（1994）研究表明，儿童在判断命令的合理性以及是否服从上，更看重的是权威人物的社会地位、知识，较少看中他的身份。达蒙（1997）研究发现，4~10 岁的儿童不会接受家长让其偷窃和伤害他人的命令，但会接受父母让其打扫房间的命令。王婷等（2006）通过对青少年在友谊领域、习俗领域、个人领域的冲突情景中对父母权威的遵从倾向研究，发现跟其他领域相比，青少年们更加认可父母在习俗领域的权威。

影响少年儿童社会权威认知的内部因素主要是指儿童自身的人格特征。徐琴美等（2003）研究发现，与低焦虑儿童相比，高焦虑的儿童对教师的权威认知更倾向不服从。刘敏红（2012）指出焦虑水平不同只影

响男生对教师权威行为的认知，并不影响女生对教师权威行为的认知，但对权威人物的个性特征研究表明，少年儿童对于权威者的性格是好是坏并不是很在意。

除了以上因素会影响少年儿童权威认知，以下因素也会对少年儿童权威认知产生较大影响。

（一）少年儿童自身心理特征

少年儿童活泼好动，但也承受着父母和教师的期望，具有较大的学习压力。当学习压力和学业成绩不佳带来的自卑情绪影响下，少年儿童急需寻找一种新的情感寄托，以宣泄压力和缓解负面情绪。这样学习成绩优异的同学、家庭条件优越的同学、能给出中肯建议的成年人，甚至名人偶像等自然成为其选择模仿的对象，让他们的一些特征成为实现理想自我的目标。少年儿童主要的生活圈子和交往对象仍是在学校，此时对他们影响最大的不再是父母，而是朝夕相处的同学和老师，因此能否得到同学、老师的肯定是支撑他们友谊、找到自身价值的关键。他们渴望与同伴建立友好关系，渴望得到成绩优异的同学的认可，希望能与这些同学有共同语言，愿意遵从这些同学的调遣，把这些同学作为学习模仿的同伴权威。另外，如果没有获得优秀成绩同学的友谊，他们也可能寻找其他社会权威的帮助和支持，幻想这些成功人士能够投射到自己身上，将社会权威的成功想象为自己的成功，从而替代性地完成自我实现。

（二）家庭因素

家长个人素养高低会明显影响其教育观念、教育态度和教育方式，不能理性、全面、深入地理解孩子，对孩子面临的困惑缺少办法。有的家长对孩子学习期望过高，占据孩子所有时间去参加各种补习班，致使孩子缺少社会交往机会，生活自理能力弱。这些家庭的孩子实际上都得不到家长的理解、温暖，缺乏安全感。活泼好动、好奇心强是孩子的天性，孩子又急需宣泄情绪的渠道，这个时候同龄好友自然容易俘获他们的心，成为他们自愿遵从的同伴权威。如果哪个社会成年人能给予中肯建议或给予情感支持，也容易成为他们愿意遵从的社会权威。少年儿童的依恋关系也在不断发生变化，幼年时期是亲子依恋。随着年龄增长，亲子依恋质量有所下降，亲子冲突增加、情感疏远，出于自我认同的情感依恋的需要，少年儿童会更愿意遵从一个新的权威人物的指令。

（三）学校教育因素

少年儿童社会权威认知是学校德育的重要组成部分，然而学校现行德育与少年儿童心理特点有一定差距，缺少情感、行为、人格特征的共鸣，缺少必要的感召力、说服力和代表性。少年儿童对学校教育中要求学习模仿的这些社会权威感到距离遥远，可望而不可即，难以接受和认可。学校在教育形式上的单一性难以让孩子们产生情感共鸣，缺少对社会权威对象的深入了解，容易使孩子丧失兴趣，以致被动参与学习模仿，缺乏参与和学习的积极性。

（四）大众文化和社会传媒因素

大众文化具有世俗化、商业化、娱乐化特征，主要就是为了大众的感官愉悦服务，比较适合大众的口味，当然也适合少年儿童的口味，其精致的形象、豪爽直接的语言等对少年儿童具有强大的吸引力。大众文化和社会传媒对消费观、娱乐观的宣传深刻地影响着少年儿童，这些消费观、娱乐观是通过各类社会权威包括娱乐明星，甚至学术权威等来实现各种目标，形成社会所期望的消费观、娱乐观。但大众文化和社会传媒也可能导致孩子的功利主义倾向，带来负面影响，如对一夜成名的歌星等的追逐会掩盖勤奋努力的作用，造成急功近利的心理。

五、少年儿童的社会权威认知以及利他行为的关系

利他行为是亲社会行为中的一种，也会受制于当下的社会制度、文化背景中的价值观和行为规范。少年儿童以行为的情境性和依赖性为特点，所以他们的利他行为具有明显的亲缘性和模仿性，尤其是身边权威人物的影响。研究儿童社会权威认知与利他行为关系的文献相对较少，但专门研究利他行为的文献相对来说比较丰富。如杨萍（2001）通过实验研究了不同权威对儿童亲社会行为的影响，发现儿童的利己行为随着年龄的增长而减少，并且大多数儿童都能对权威命令做出正确的判断。近年来，我国学者也有些一些关于权威对分享行为影响的研究成果，如林俊杰（2015）研究表明高学校权威认知的儿童表现出更多的分享行为，但其分享行为在性别上不存在显著差异。

儿童期不仅是品德培养的关键时期，也是行为塑造的关键期。德育在小学教育中有显著地位，德育的开展有利于儿童形成良好的道德品质。利他行为应当是德育教育中的一部分，根据儿童的道德认识特点，儿童在四年级的时候基本上就可以摆脱权威的束缚，自愿引发助人行为，具有延迟满足能力。随着权威认知水平的发展，儿童并不是被动地接受成人的指导。中国传统的教育方式比较注重人伦方面，注重长幼尊卑，以消除儿童的自私和贪欲。随着社会经济的发展，人们的生活观念发生了很大的改变，现代家庭基本都是独生子女，家长对孩子溺爱，可能会挤占孩子自由、自主发展的空间，可能让孩子自我中心主义更为明显，形成利己主义倾向，削弱利他主义倾向。研究不同权威发展水平对利他行

为的影响，通过对其特点和规律的了解，然后在教育中加以运用，提高儿童的利他行为。因此，探讨儿童社会权威认知对不同年级儿童利他行为的影响对中小学德育工作具有重要的现实和理论意义。

接下来进行的研究希望通过问卷调查法等探讨不同年龄、性别、家庭社会经济地位的少年儿童社会权威认知发展的特点及规律，了解权威特征、权威命令、冲突领域、性格特征等因素对少年儿童社会权威认知的影响及其差异，了解不同因素在影响少年儿童权威认知的过程中是否存在交互作用，总结不同阶段少年儿童权威认知发展中存在的不足；了解少年儿童社会权威认知发展对其利他行为的影响，包括通过问卷调查法探讨少年儿童权威认知特点、类型、水平对其利他行为是否会产生影响以及影响的差异，了解社会权威认知与性别、年龄、家庭经济地位等因素在影响少年儿童利他行为过程中是否存在交互作用，了解什么样的权威认知特点最有利于促进孩子的利他行为。

第二节　关于少年儿童社会权威认知的发展及其对利他行为影响的实证研究

一、研究方法

选取四川省内某小学学生作为研究对象。本次调查采用的自编问卷分为两部分：第一部分是少年儿童社会权威认知问卷；第二部分是利他行为量表。其中还有一部分人口学变量资料，如性别、年级、家庭经济地位等。

采用网上发布问卷和纸质问卷两种方式进行调查研究。网上问卷通过问卷星平台发布；纸质问卷由事先经过严格培训的心理学学生发放，向被试说明施测要求，采取匿名作答的方式，以消除被试顾虑，测试时间为 30~40 分钟，由主试当场收回问卷。对回收的网上问卷和纸质问卷进行整理，剔除无效问卷后统一编码，以备录入。将原始数据录入 SPSS 系统中，然后对回收的数据进行整理，删除无效的问卷，然后再对剩下的有效问卷进行整理分析，调查研究过程中对数据进行的分析主要是描述统计分析、多因素方差分析等。

二、少年儿童社会权威认知问卷的编制

（一）问卷项目来源

关于儿童的权威认知问卷，有对教师权威认知、父母权威认知等进行测量的，国内基本没有单独针对社会权威的问卷，并且基本上都采用道德两难故事问卷的形式来进行测量。国内学者安秋玲等（2003）在考虑了国家之间的文化差异后，结合我国的具体情况编制了适合我国儿童的权威认知两难故事问卷，其中也包含了社会权威方面，并且将儿童对权威关系的认知发展分为五个水平。因此，本研究在参考其发展水平的划分和两难故事的基础上编制问卷。编制的少年儿童社会权威认知问卷紧贴学生的生活，具有一定的代表性，可进行进一步的研究。

（二）问卷研究方法

问卷研究的目的在于通过文献分析查找、专业人员评定，编制测量少年儿童社会权威认知的问卷。

在成都市选取了某学校的 3 个班，其中包括 1 个小学五年级班级和 2 个初中班级，一共有 195 人，剔除无效问卷，共收回 148 份有效问卷。初测的被试群体情况如表 4.1 所示。

表 4.1 初测问卷验证群体被试情况

年级	五年级	初中	总
男	25	40	65
女	31	52	83
总	56	92	148

参照安秋玲等（2003）的研究，计分通过所选答案，服从的计 0 分，不服从的计 1 分。并且在编制问卷答案时，主要根据外部诱因、权威定向、侥幸心理、功利定向、个人权利、个人定向发展、协调一致几个不同的认知表现类型来编制，然后依此计分。具体如下：权威定向记为-1，外部诱因定向记为+1；功利定向记为-2，侥幸心理定向记为+2；个人定向记为-3，个人权利定向记为+3；协调一致记为+4。每个故事的分值范围在-3 到 5，分数绝对值越高，则代表少年儿童所处的社会权威认知水平越高。总分取每个故事得分的绝对值之和的平均数，分值范围在 1~5 分。并且其中的负数与正数仅代表同一水平上面的方向，本身并不具有大小区分。

（三）问卷编制过程

1. 专家评定

在问卷编制之前，首先进行文献归纳和总结。少年儿童社会权威认知是指少年儿童对生活中使人信服的社会力量的认知，可以是一个人或者一个群体。社会生活中包含许多这样的个人和群体。

薛广洲（2013）指出权威不仅表现在政治领域，还扩展到经济、文化、教育等领域。从权威的影响因素来说，经济、政治、文化都会影响权威，而年龄、权威形象、权威主体的人格特征（如知识、社会地位、角色、社会背景等）、命令类型或问题情境都会影响少年儿童的权威认知。近几年来，对权威认知的研究不再局限于政治学领域，也逐渐出现对警察、科学、医生等权威主体的研究。达蒙（1997）的权威认知发展阶段说认为，知识、关心、回报等因素也是个体权威认知的重要因素。张日昇（2003）指出学生对权威认知主要集中在道德领域、学习与生活领域、学校规则领域和个人生活领域。

对以上文献分析总结以及专家讨论和理论研究认为，少年儿童权威认知问卷由以下几个组成部分：社会政治权威、社会卫生权威、社会艺术权威和社会司法权威（见图 4.1）。

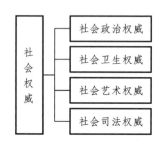

图 4.1 社会权威认知理论模型图

在前期结构探讨的基础上，故事上主要参考了林俊杰（2015）的研究。问卷项目采用了单项选择题的形式，选项主要参照安秋玲等（2003）研究的儿童权威认知水平。在设计故事的时候，要更可能地贴近他们的现实生活，并且不能涉及明显的对错。在参考一些比较经典的情景故事之后，确定了 12 个候选的情景故事，其中每个类型的社会权威包含 3 个故事。然后参考孙少英的内容效度评定方法，请了 7 名心理学专业的研究生对 12 个故事以及答案选项来进行 0~7 的等级评定，再根据结果计算各个故事以及相应选项的内容效度比（见表 4.2）。

$$CVR=\sum（N_j\text{-}N/2）/（N/2）$$

式中，CVR 指内容效度比；N_j 指专家认为某故事所具有的代表性程度；N 指参加评定的专家的总人数。

表 4.2　各权威认知故事的内容效度比

效度比	社会政治权威效度比	社会卫生权威效度比	社会艺术权威效度比	社会司法权威效度比
1	0.31	0.76	0.55	0.31
2	0.67	0.59	0.1	0.59
3	0.76	0.55	0.67	0.63

注：首列的数字表示每种权威类型故事的序号。

内容效度比如果<0.5 就被认为不合格，需要删除，所以社会权威认知的情境故事以及相应选项的初始问卷中，保留社会政治权威中的第二个和第三个；社会卫生权威的第一个和第二个；社会艺术权威的第一个和第三个；社会司法权威的第二个和第三个，形成少年儿童社会权威认知的初测问卷。

2. 社会权威认知情境故事问卷的验证

对编制筛选过的 8 个故事单独进行分析，计算出 Cronbach's 系数为 0.72，信度较好，然后通过不同权威的情境故事得分与总得分之间的相关系数计算其结构效度，具体结果如表 4.3 所示。

表 4.3 不同社会权威中情境故事得分与总分的相关系数

相关系数	社会政治权威	社会卫生权威	社会艺术权威	社会司法权威
总分	0.74**	0.61**	0.66**	0.71**

注：**表示在 0.01 水平（双侧）上显著相关。

如表 4.3 所示，4 种不同的社会权威情境故事与总分的相关系数均在 0.01 的水平上相关显著，相关系数均在 0.6 以上，表明量表的结构效度较好，能够作为正式问卷进一步施测。

（四）对编制问卷的讨论和结论

根据文献总结，以及借鉴前人编制的两难故事，一共总结修改出了 4 个领域 12 个情境故事，包括社会政治权威、社会卫生权威、社会艺术权威以及社会司法权威各 3 个故事。根据专家评定法，把不满足要求的故事或者对应的选项删掉，最后每个方面保留了 2 个故事。选择了不同的权威领域以及不同的权威层次。社会政治权威包括省长和校长，社会卫生权威选择了钟南山院士以及少年儿童经常会接触到的医生，社会艺术权威包括获得了诺贝尔文学奖的莫言以及少年儿童比较喜欢的偶像，社会司法权威选择了一名曾获得过一等功的军人以及学校的保安。从初测的问卷来看，不管是小学生还是初中生，他们大部分的权威认知水平都是个人权力定向水平，但也有少部分是协调一致水平。并且根据结果来看，他们的权威水平并没有受不同领域和不同层次的影响，基本上都表现出了一致性。

收集到的 8 个社会权威认知情境故事问卷基本都贴切他们的现实生活，对应所编制的选项也具有很强的代表性。社会权威具体可分为社会政治权威、社会卫生权威、社会艺术权威以及社会司法权威 4 个领域，每种社会权威领域下各有 2 个故事。经过验证和筛选编制的少年儿童社会权威认知情境故事正式问卷的信效度均较好，可用于接下来的进一步研究。

三、少年儿童社会权威认知及其对利他行为的影响

按照一般情况，在同一个文化背景生活中的同时代的人有大体一致的价值观，遵守相同的价值规范。在古代，中国是君主专制制度，皇权、军权等受人追捧、崇拜，所以以前的中国是一个具有强大的权威和权威崇拜的国家。新中国成立以后，中国越来越开放和民主，但尊重权威的传统并没有完全消散。因此，受到大的社会环境的影响，大部分时候在教育上比较强调儿童尊重权威，或者说尊重比自己社会地位高的人，强调集体利益高于个人利益，也即强调利他主义。那么少年儿童是怎么对权威命令进行判断的呢？少年儿童权威认知的发展水平，会影响他们对权威命令的判断吗？对他们利他行为的出现又有什么影响？在本研究中，我们通过问卷调查研究，对少年儿童权威认知水平进行划分，以了解其利他行为，从而了解权威认知水平的发展对儿童利他行为的影响。这对于我们在学校教育过程中，有针对性地利用少年儿童权威发展水平来影响他们，使他们表现出更多的利他行为，有一定的借鉴意义。

（一）研究方法

1. 研究被试

被试是来自四川省宣汉县某小学三至六年级和某中学的学生，共计407 名被试，通过筛选剔除其中的无效数据，共收集 387 份有效数据，其

中男生 178 名，女生 209 名，被试的具体情况如表 4.4 所示。

表 4.4 被试基本情况统计表（*N*=387）

年级	三至四年级	五至六年级	初中	总计
男	49	72	57	178
女	59	82	68	209
总计	108	154	125	387

2. 研究工具

（1）儿童社会权威认知水平测验。

自行编制的少年儿童社会权威故事问卷，共 8 个故事，社会政治权威、社会卫生权威、社会艺术权威和社会司法权威各 2 个故事。计分通过所选答案，服从的计 0 分，不服从的计 1 分。少年儿童的社会权威认知主要有外部诱因、权威定向、侥幸心理、功利定向、个人权利、个人定向发展、协调一致等几个水平。具体的计分方式如下：权威定向记为-1，外部诱因定向记为+1；功利定向记为-2，侥幸心理定向记为+2；个人发展定向记为-3，个人权利定向记为+3；协调一致记为+4。每个故事的分值范围在-3 到 5，分数绝对值越高，则代表少年儿童所处的社会权威认知水平越高。总分取每个故事得分的绝对值之和的平均数，分值范围在 1~5 分。其中的负数与正数仅代表同一水平上的方向，本身并不具有大小区分。

（2）小学生利他行为问卷。

本研究抽取冯莉等于 2009 年编制的"小学高年级学生亲社会行为量表"中利他行为维度的题项，形成"利他行为量表"。该量表为自评量表，采用 5 点积分法，全部题均正向计分，即"从不"记为 1 分，"很少"记为 2 分，"有时"记为 3 分，"经常"记为 4 分，"总是"记为 5 分。量表的重测信度为 0.86，内部一致性系数为 0.85，利他行为为 0.85，分半信度为 0.88，利他行为总分为所有题项得分的总和。

3. 实测过程

本研究采用方便抽样法，选取宣汉县某中小学 452 名学生为实测对象，发放少年儿童社会权威认知以及利他行为问卷（由人口学变量，少年儿童社会权威认知问卷，利他行为问卷共同组成）。本研究主要采用网上问卷形式进行调查，由学生自己阅读指导语进行作答提交问卷。采用 SPSS19.0 中文版对回收的数据进行统计分析。统计方法有描述统计、单因素方差分析、相关分析、回归分析。

（二）结果与分析

1. 少年儿童社会权威认知水平的现状分析（见表 4.5）

表 4.5 少年儿童对不同领域社会权威服从情况的频次分布人数（频数）

社会权威		三至四年级	五至六年级	初中	合计	卡方检验		
						χ^2	df	p
社会政治权威	服从	106（0.98）	150（0.97）	121（0.97）	377（0.97）	15.31	16	0.608
	不服从	2（0.02）	4（0.03）	4（0.03）	10（0.03）			
社会卫生权威	服从	108（1.00）	154（1.00）	123（0.98）	385（0.995）	22.13	12	0.091
	不服从	0（0.00）	0（0.00）	2（0.02）	2（0.005）			

续表

社会权威		三至四年级	五至六年级	初中	合计	卡方检验		
						χ^2	df	p
社会艺术权威	服从	100（0.92）	145（0.94）	121（0.97）	366（0.94）	21.91	12	0.232
	不服从	8（0.08）	9（0.06）	4（0.03）	21（0.06）			
社会司法权威	服从	104（0.96）	152（0.99）	125（1.00）	381（0.98）	7.96	14	0.116
	不服从	4（0.04）	2（0.01）	0（0.00）	6（0.02）			
社会权威						45.574	40	0.251

注：*表示在 0.05 水平（双侧）上显著；**表示在 0.01 水平（双侧）上显著，下同。

从表 4.5 可以看出，从整体上看，不管是哪一个领域的社会权威，大部分学生都会选择服从，但不同领域的服从情况不同，其中社会司法权威的服从率最高，社会艺术权威的服从率最低。社会政治权威和社会艺术权威随着年级的增长其服从率有一定程度的降低，但社会艺术权威和社会司法权威随着年级的增长其服从率有一定的增加。但从卡方检验的结果可以看出，少年儿童的社会权威认知在各个领域中的年级差异都不显著。

从表 4.6 可以看出，不论哪一个年级，大部分学生都处在社会权威认知水平的个人发展水平，其次是协调一致水平。在工具定向水平的学生人数相对来说是最少的。并且在不同的领域，社会认知水平的人数分布也是不同的，但从总体来看，大体趋势是差不多的。

表 4.6　少年儿童对社会权威认知水平的人数分布情况

社会权威		协调一致 人数 频数	个人自主		工具定向		外部信息	
			个人权利	个人发展	侥幸心理	功利定向	外部诱因	权威定向
			人数　频数	人数　频数	人数　频数	人数　频数	人数　频数	人数　频数
社会政治权威	三至四年级	25(0.232)	1(0.009)	75(0.694)	1(0.009)	0(0.000)	1(0.009)	5(0.047)
	五至六年级	31(0.202)	2(0.013)	112(0.727)	1(0.006)	0(0.000)	1(0.006)	7(0.046)
	初中	25(0.200)	2(0.016)	94(0.752)	0(0.000)	0(0.000)	1(0.008)	3(0.024)
社会卫生权威	三至四年级	10(0.092)	0(0.000)	84(0.778)	0(0.000)	0(0.000)	0(0.000)	14(0.130)
	五至六年级	9(0.058)	0(0.000)	130(0.845)	0(0.000)	0(0.000)	0(0.000)	15(0.097)
	初中	11(0.088)	1(0.008)	110(0.88)	0(0.000)	0(0.000)	1(0.008)	2(0.016)
社会艺术权威	三至四年级	26(0.241)	0(0.000)	69(0.639)	0(0.000)	4(0.037)	5(0.046)	4(0.037)
	五至六年级	28(0.182)	1(0.006)	114(0.741)	0(0.000)	1(0.006)	6(0.039)	4(0.026)
	初中	21(0.168)	2(0.016)	100(0.800)	0(0.000)	0(0.000)	1(0.008)	1(0.008)
社会司法权威	三至四年级	19(0.176)	1(0.009)	79(0.732)	1(0.009)	2(0.019)	1(0.009)	5(0.046)
	五至六年级	29(0.189)	0(0.000)	115(0.747)	2(0.013)	1(0.006)	1(0.006)	6(0.039)
	初中	20(0.160)	0(0.000)	102(0.816)	0(0.000)	0(0.000)	0(0.000)	3(0.024)

2. 少年儿童社会权威认知和利他行为的性别、年级、家庭收入的差异分析

将性别作为分组变量，将少年儿童在各领域社会权威认知得分的平均分作为检验变量，进行独立样本 t 检验，结果如表 4.7 所示。

表 4.7 少年儿童社会权威认知和利他行为的性别差异检验结果

权威认知	男（N=178）		女（N=209）		t	p
	M	SD	M	SD		
社会权威	3.25	0.577	3.22	0.509	0.500	0.618
社会政治权威	3.38	0.835	3.31	0.826	0.867	0.387
社会卫生权威	2.96	7.67	3.01	0.648	-0.608	0.544
社会艺术权威	3.38	0.832	3.30	0.753	1.027	0.305
社会司法权威	3.27	0.846	3.28	0.742	-0.033	0.974
利他行为	30.33	10.919	31.6	9.992	-1.205	0.229

表 4.7 表明，少年儿童的社会权威认知水平在性别上不存在显著差异（$p>0.05$），具体到各个单独的社会权威领域也不存在显著差异。并且男女学生在利他行为上也没有显著差异（$p>0.05$）。

将社会权威以及各领域社会权威的得分作为因变量，年级作为自变量，进行单因素方差分析，结果如表 4.8 所示。

表 4.8 少年儿童社会权威认知和利他行为的年级差异检验结果

权威认知	三至四年级（N=108）		五至六年级（N=154）		初中（N=125）		F
	M	SD	M	SD	M	SD	
社会权威	3.25	0.609	3.20	0.557	3.27	0.454	0.557
社会政治权威	3.34	0.864	3.34	0.834	3.35	0.801	0.995

续表

权威认知	三至四年级 （N=108）		五至六年级 （N=154）		初中（N=125）		F
	M	SD	M	SD	M	SD	
社会卫生权威	2.94	0.830	2.92	0.686	3.11	0.588	0.052
社会艺术权威	3.46	0.899	3.28	0.778	3.32	0.694	0.170
社会司法权威	3.26	0.816	3.27	0.817	3.29	0.739	0.970
利他行为	31.06	9.981	27.85	12.035	34.89	6.832	16.993*

从表 4.8 可以看出，少年儿童的社会权威认知水平不存在年级差异（$p>0.05$），且在社会政治权威、社会卫生权威、社会艺术权威和社会司法权威 4 个维度上也不存在年级差异。这说明小学和初中的社会权威认知并没有明显的不同。但是少年儿童的利他行为存在着年级差异（$p<0.05$），不同的年级利他行为情况不同。

进一步对少年儿童利他行为在年级上的差异做 LSD 多重分析，结果如表 4.9 所示。

表 4.9　少年儿童利他行为年级差异 LSD 多重比较结果

年级 I	年级 J	均值差（I-J）	标准误	显著性
三至四年级	五至六年级	3.205*	1.259	0.011
	初中	-3.832*	1.317	0.004
五至六年级	初中	7.037*	1.207	0.000

表 4.9 表明，在利他行为维度上，不同的年级得分不同，具体情况为：初中得分最高，并且与小学三至四年级、五至六年级具有显著的差异（$p<0.05$），五至六年级得分最低，但也与三至四年级具有显著差异（$p<0.05$）。这说明，随着年级的变化，利他行为也在变化。

将家庭年收入作为自变量，社会权威认知和利他行为作为因变量，进行单因素方差分析，结果如表 4.10 所示。

表 4.10 少年儿童社会权威认知和利他行为的家庭年收入的差异检验结果

权威认知	<2 万元（N=103）		2 万元~5 万元（N=97）		5 万元~10 万元（N=119）		>10 万元（N=68）		F
	M	SD	M	SD	M	SD	M	SD	
社会权威	3.21	0.544	3.12	0.545	3.30	0.552	3.32	0.485	2.729*
社会政治权威	3.29	0.856	3.24	0.820	3.42	0.789	3.44	0.866	1.350
社会卫生权威	2.90	0.721	2.86	0.777	3.11	0.651	3.10	0.618	3.326*
社会艺术权威	3.38	0.806	3.14	0.774	3.40	0.777	3.46	0.781	2.813*
社会司法权威	3.26	0.724	3.26	0.878	3.28	0.775	3.31	0.797	0.076
利他行为	29.12	10.761	29.04	11.65	32.67	9.653	33.82	8.266	5.093*

由表 4.10 可知，社会权威在不同的家庭年收入上存在显著差异（$p<0.05$），并且也在社会卫生权威和社会艺术权威上存在显著差异（$p<0.05$）。而社会政治权威和社会司法权威在家庭年收入上不存在显著差异（$p>0.05$）。利他行为在家庭年收入上也存在显著差异（$p<0.05$）。

进一步对社会权威、社会卫生权威、社会艺术权威以及利他行为进行 LSD 多重比较，结果如表 4.11 所示。

表 4.11 少年儿童社会权威认知和利他行为的家庭年收入差异 LSD 多重比较

因变量	（I）您的家庭年收入	（J）您的家庭年收入	均值差（I-J）	标准误	显著性
利他行为	2 万元以下	2 万~5 万元	0.075	1.453	0.959
		5 万~10 万元	-3.556*	1.382	0.01
		10 万元以上	-4.707*	1.605	0.004
	2 万元~5 万元	5 万~10 万元	-3.631*	1.405	0.01
		10 万元以上	-4.782*	1.625	0.003
	5 万元~10 万元	10 万元以上	-1.151	1.562	0.461
社会权威	2 万元以下	2 万~5 万元	0.0826	0.07607	0.278
		5 万~10 万元	-0.09516	0.07236	0.189
		10 万元以上	-0.11906	0.08401	0.157
	2 万元~5 万元	5 万~10 万元	-0.17776*	0.07355	0.016
		10 万元以上	-0.20166*	0.08504	0.018
	5 万元~10 万元	10 万元以上	-0.0239	0.08173	0.77
社会卫生权威	2 万元以下	2 万~5 万元	0.047	0.099	0.633
		5 万~10 万元	-0.202*	0.094	0.032
		10 万元以上	-0.193	0.109	0.078
	2 万元~5 万元	5 万~10 万元	-0.249*	0.095	0.009
		10 万元以上	-0.240*	0.11	0.03
	5 万元~10 万元	10 万元以上	0.009	0.106	0.929

续表

因变量	（I）您的家庭年收入	（J）您的家庭年收入	均值差（I-J）	标准误	显著性
社会艺术权威	2 万元以下	2 万~5 万元	0.234*	0.111	0.035
		5 万~10 万元	-0.021	0.106	0.846
		10 万元以上	-0.077	0.123	0.529
	2 万元~5 万元	5 万~10 万元	-0.255*	0.107	0.018
		10 万元以上	-0.312*	0.124	0.012
	5 万元~10 万元	10 万元以上	-0.057	0.119	0.635

从表 4.11 可以看出，在利他行为维度，家庭年收入在 2 万元以下和 2 万元~5 万元不存在显著差异，而 5 万元~10 万元和 10 万元以上也不存在显著差异，但是 2 万元以下、2 万元~5 万元都同 5 万元~10 万元、10 万元以上存在显著差异。而在社会权威维度，家庭年收入只有 2 万元~5 万元同 5 万元~10 万元、10 万元以上存在显著差异，其他家庭年收入之间都不存在显著差异。在社会卫生权威领域，家庭年收入在 2 万元以下和 5 万元~10 万元存在显著差异，家庭年收入在 2 万元~5 万元同 5 万元~10 万元、10 万元以上也存在显著差异，其他家庭年收入之间不存在显著差异。在社会艺术权威维度上，家庭年收入在 2 万元以下和 2 万元~5 万元存在显著差异，家庭年收入在 2 万元~5 万元同 5 万元~10 万元、10 万元以上也存在显著差异，其他家庭年收入之间不存在显著差异。

3. 少年儿童社会权威认知与利他行为的相关分析

为了了解少年儿童社会权威认知和利他行为的关系，本研究对少年儿童社会权威认知以及利他行为做了斯皮尔曼相关性分析，结论如表 4.12 所示。

表 4.12 少年儿童社会权威认知与利他行为的相关分析

权威认知	利他行为	社会权威	社会政治权威	社会卫生权威	社会艺术权威	社会司法权威
利他行为	1					
社会权威	0.112*	1				
社会政治权威	0.114*	0.698**	1			
社会卫生权威	0.081	0.639**	0.209**	1		
社会艺术权威	0.043	0.741**	0.396**	0.320**	1	
社会司法权威	0.071	0.696**	0.278**	0.321**	0.330**	1

由表 4.12 可知，少年儿童社会权威认知和利他行为有相关关系，并且显著正相关（$r=0.112$，$p<0.05$），同时社会政治权威同利他行为也存在相关关系，显著正相关（$p<0.05$）。社会权威的各个领域同社会权威存在相关关系，并且显著正相关（$r=0.114$，$p<0.01$）。

4. 少年儿童社会权威认知与利他行为的回归分析

对少年儿童社会权威认知和利他行为进行相关分析发现，社会权威和社会政治权威与利他行为显著正相关，因此，为了进一步探究社会权威和社会政治权威对利他行为的影响，将社会权威和社会政治权威作为自变量，利他行为作为因变量，进行线性回归，结果如表 4.13 所示。

表 4.13 少年儿童社会权威认知和利他行为的回归分析

自变量	因变量	R^2	B	SE	Beta	t	p
常量			24.062	3.203		7.512	0.000
社会权威	利他行为	0.012	2.150	0.976	0.112	2.202	0.028

由表 4.13 可知,社会权威认知进入回归方程,可以解释利他行为 1.2%的变异,并且对利他行为有正向预测作用（B=2.15,p<0.05）。这说明少年儿童社会权威认知水平越高,利他行为得分越高。

由表 4.14 可知,社会政治权威认知进入回归方程,可以解释利他行为 1.3%的变异,并且对利他行为有正向预测作用（B=1.428,p<0.05）。这说明少年儿童社会政治权威认知水平越高,利他行为得分越高。

表 4.14 少年儿童社会政治权威认知与利他行为的回归分析

自变量	因变量	R^2	B	SE	Beta	t	p
常量			26.246	2.192		11.972	0.000
社会政治权威	利他行为	0.013	1.428	0.637	0.114	2.243	0.025

（三）对结果的讨论

1. 关于少年儿童社会权威认知现状的讨论

关于儿童权威认知发展的研究很早之前就有,但大部分都是研究教师权威、父母权威、学校权威以及同伴权威等,基本很少有研究社会权威的。面对各领域的社会权威,大部分中小学生都会选择服从,但是服从的具体情况和原因各不相同。在社会政治领域,相对于省长层次,随着年级的升高,少年儿童对校长的服从相对减少,很有可能是因为年龄增长,对政治权威的认识了解更多。在社会卫生领域,选择不服从的学生相对来说较少,特别是小学生基本全部都选择了服从。而在社会艺术领域,相对于其他领域,服从率降低,可能因为小学生对这一领域了解较少,所以会偏向选择不服从。在初中阶段,可能因为道德发展水平的原因,所以在社会司法权威方面都选择了服从,而选择不服从的基本集中在小学中段,但相对来说服从率也是很高的。

研究发现，不论学生在中小学的哪一个年级阶段，他们的社会认知发展水平大部分都是处在个人自主阶段中的个人发展水平，与陈国鹏等（2003）提出的无序性不同。可能是因为经济、科技的发展，少年儿童获得的知识面更广，思想更加开放超前，认识水平不断提高，差异由此缩小等导致的。其次就是处在协调一致阶段，但他们之间并没有存在年级差异，这与安秋玲等（2001）的研究相一致。在这 4 个社会权威领域，社会卫生领域相对有些不同。可能是因为该领域的情境故事是关于新冠肺炎疫情的，所以选择个人发展水平的人数相对于其他 3 个领域的人数更多，并且小学生选择权威服从的人数相对其他 3 个领域也更多。并且相对于小学生，初中生处于外部信息阶段的人虽然也有，但是相对要少。并且从调查中也可以证实安秋玲等人提出的少年儿童的社会权威认知存在阶段性。

在研究中也对少年儿童社会权威认知的性别差异进行了比较，发现男女之间不存在性别差异，在各个社会领域也不存在性别差异。但在安秋玲（2001）对教师权威的研究中却发现了性别差异。但对他们的家庭收入进行差异比较发现，在社会权威认知上存在显著差异，并且在社会卫生领域以及社会艺术领域也存在显著差异。对其进行多重比较发现，在社会权威水平、社会艺术领域和社会卫生领域，家庭年收入在 2 万元~5 万元和5 万元以上会存在差异，可能是因为家庭收入不同，所以他们的经济、教育、营养水平等会有所不同，进而会导致儿童的发展水平不同。

2. 关于少年儿童利他行为的现状讨论

从总体上看，少年儿童利他行为的得分较高，相对来说女生得分高于男生，但是男女生之间并不存在显著差异，这与林俊杰（2015）的研究相一致。随着年级的增长，利他行为得分并没有跟着增长，在小学中段和初中的时候利他行为得分较高，在小学高段得分相对低一点，并且结果也显示利他行为在各个年级之间都存在差异，这与杨萍（2001）的研究结果相一致。这说明少年儿童的利他行为在发展过程中可能在小学高段存在一个转折期。

在家庭年收入方面，利他行为也存在显著差异。通过多重比较发现，利他行为水平下，5 万元以上和 5 万元以下存在显著差异。随着家庭年收入的增多，利他行为的得分也随之增多。出现这种现象，可能是因为家庭经济条件不同，受教育的水平、广度可能就会不同。并且根据马斯洛的需要层次理论，只有满足了低级的需要，才能进入更高级的需要。因此他们出现的利他行为可能会更多。

3. 关于少年儿童社会权威认知和利他行为关系的讨论

本研究与林俊杰、杨萍的研究结果相一致。少年儿童的社会权威认知与利他行为显著相关，并且与社会政治权威也显著相关。国内外关于社会权威认知的研究相对较少，所以，对于社会权威认知和利他行为的相互作用缺少具有说服力的解释。本研究发现，面对社会权威，不论是在社会政治领域、社会艺术领域，还是在社会卫生领域和社会司法领域，少年儿童大部分都选择服从权威，并且服从权威的主要原因基本上跟自己的个人发展相关。研究还发现，基本上社会权威和社会政治权威的得分越高，利他行为的得分也相对较高。很有可能是因为社会政治领域经常会宣传关于利他行为方面的教育，所以它们的相关性也就较高，存在一定的正向预测作用。

本研究关于少年儿童社会权威认知以及利他行为的关系调查认为：自编的社会权威认知情境故事问卷基本都紧贴他们的现实生活，并且具有很强的代表性，经过验证和筛选编制的少年儿童社会权威认知情境故事正式问卷的信效度均较好，可用于接下来的进一步研究；少年儿童的社会权威认知水平主要是个人发展定向，并且基本不随着社会权威领域以及层次的改变而改变，相对比较稳定。少年儿童的利他行为发展较好，各年级的得分都比较高；社会权威认知水平在性别、年级等人口学变量上不存在显著差异，但在家庭年收入上，社会权威认知以及社会卫生权威和社会艺术权威都具有统计学意义；利他行为在性别上不存在显著差异，但在年级和家庭年收入上具有统计学意义。初中的利他行为得分最高，五至六年级的利他行为得分最低；少年儿童社会权威认知和利他行为具有相关关系，并且显著正相关，同时社会政治权威同利他行为也存在相关关系，并且显著正相关。社会权威认知和社会政治权威认知都能正向预测利他行为。

第三节　少年儿童社会权威认知存在的问题与教育建议

作为少年儿童社会化发展过程中的特殊现象，社会权威认知往往能够反映其心理认同和情感依恋，因此具有自主性、认同性和情感性等特点。由于少年儿童身心发展是从不成熟走向成熟的，必然面临各种困惑和心理矛盾，在父母无法面对或无法帮助解决的情况下他们必然寻求新的依靠和精神寄托。少年儿童会将他们选择的社会权威人物及其特征想象成理想自我的一部分，对其寄托一些希望和情感，最终产生心理认同。

一、少年儿童社会权威认知发展存在的问题

（一）少年儿童选择的社会权威较为集中

前面的调查显示，少年儿童选择社会权威的类型较为多元化，有娱乐影星、有革命英雄人物，也有科学家。他们感兴趣的社会权威特征较

为集中，除了道德品质、人格特点，还包括社会权威人物的穿着、日常
生活和社会活动动态信息等，甚至也去了解这些社会权威的一些负面信
息，包括酗酒、偷税漏税等，反映了对社会权威的了解更全面、更生动
的特点。少年儿童社会权威认知对其的影响既有积极的一面，也有消极
的一面。幼年的孩子对社会权威往往是盲目、肤浅的崇拜，其负面的特
征可能误导孩子的成长，使其产生迷茫和失落的情绪，影响其健康成长。
如果让少年儿童看到他们学习模仿的社会权威对象良好的道德品质、完
善的人格魅力以及背后励志的艰辛努力过程等，就能对少年儿童成长过
程产生助力，激发其成就动机和追求上进、不断进取的理念，帮助其实
现自我超越，不断丰富、发展自己的内心世界，养成有利于自己未来发
展、有利于社会的人格品质和利他行为。

（二）少年儿童社会权威认知容易受到社会舆论的影响

每个人都希望得到社会的认可，少年儿童同样也希望得到他人特别
是权威他人的认可。少年儿童为什么会优先选择具有道德品质好、有人
格魅力、学习成绩优异这些特征的对象作为社会权威，就是因为周围早
就形成了一种舆论，如果不这样选择就会遭到舆论的责备和压力。在现
代网络环境下，这个舆论也包括大众媒体如电视、网络媒介形成的舆论
氛围，少年儿童也主要是通过这些媒介渠道获得各类权威对象信息。通
过报纸、广播、电视这些传统媒介传播的信息是经过了监督、审核的，
虽然也有娱乐商业性质，但其传播的信息符合社会主义核心价值观。一
些新媒体，如微信朋友圈、抖音、百度贴吧等没有经过层层审核，但其
传播速度快、传播范围广、接近老百姓的日常生活、拉近了与少年儿童
的心理距离，形成的网络舆论对少年儿童社会权威人物和特征的选择产
生了重要影响，这些新媒介的影响可能使少年儿童陷入非理性崇拜和非
理性学习模仿之中。

（三）少年儿童社会权威认知容易出现言行不一现象

少年儿童选择社会权威对象的目的是树立目标、寻找学习动力、实现自我理想，但少年儿童在学习模仿社会权威的精神内涵理解上却较为模糊不清，社会权威人物的优异成绩、艰辛努力、人格魅力等品质深深地吸引着他们，口头上也称要努力学习这些社会权威优良特征，他们在描述学习权威人物的精神内涵时对他们的励志品质、道德品质不能说出所以然来，描述的更多是权威人物的细节特征，如发型、衣服、食物等外部形象，好像做到了这些就更接近社会权威人物的要求，实现与社会权威一样的优秀特征。传统的社会权威认知教育模式也存在较多的问题，例如要树立一个榜样，那这个榜样一定是高、大、全的形象，甚至千篇一律，缺少个性化，或者说被神化，与少年儿童的实际生活距离遥远。其实任何社会权威人物背后都有世俗化、普通人的一面，社会权威人物背后的艰苦努力、个性化特征被弱化了，因而在少年儿童心目中就是神一般的存在，没有任何一个普通人能做到社会权威人物那样。当然还是有部分少年儿童按照老师的要求去做了，但也难于理解这些权威人物是如何取得成功的，即使有满腔热血还是感到难以下手，不知道该通过什么途径去实现社会权威人物同样的成功。基于现实的原因，他们干脆去模仿学习社会权威人物的外部形象，而不是通过学习权威人物的精神内涵，就认为自己可以变得跟社会权威一样了。

二、针对少年儿童社会权威认知的教育建议

少年儿童要从成长过程中经历的迷茫和矛盾状态中走出来，需要通过一些包括优秀同伴、重要成年人的认同来实现自我价值确认，所以少年儿童社会权威认知是其成长过程中心理矛盾运动的必然产物。学习模

仿这些社会权威人物不是一种道德行为现象，而是一种成长过程中突出的心理需求，其情绪波动和叛逆行为都不是学习模仿社会权威人物的不良后果。少年儿童选择的这些社会权威人物都有着一种或多种超出别人的特征，如能力非凡、人格完善、成绩优异，也有助人为乐、道德高尚、服从纪律等，他们对少年儿童的健康成长能够提供正面的引导和激励作用。只要社会权威对象特征与少年儿童之间具有可比性，其模仿学习的动机与效果都会越大。要增强社会权威对少年儿童的吸引力，还需要给这些社会权威人物注入个人奋斗、社会支持、群体竞争等成分，使社会权威人物不再是"神"一般的存在，而是有血有肉的现实人物，从而激发学生强烈的学习动机。

（一）加强少年儿童的社会主义核心价值观教育

学习、践行社会主义核心价值观是进行少年儿童思想道德教育的重要内容，是构建社会主义和谐社会的重要条件。少年儿童正处于人生观、价值观及其行为习惯养成的重要阶段，对于理解的观念性内容容易内化，容易达到良好的教育效果。高度凝练的24字社会主义核心价值观具有深刻的内涵，对促进学生利他行为建立社会主义和谐社会具有重要意义，加强少年儿童的社会主义核心价值观教育就需要对其内涵做深刻解读，不能仅靠说教、喊口号来进行教育，而要通过深刻内涵的解读和实践践行来达到实际的教育效果。网络信息呈现了太多纷繁复杂的内容，给少年儿童带来的价值观影响可能是消极甚至负面的，使少年儿童在多样化的准则和行为的选择之中难以决策，不能形成自己稳定的观念和行为。社会主义核心价值观教育就是要用积极向上、进取、稳定的价值观念和行为准则去引导少年儿童，让他们接受主流价值观念体系，为他们提供前进道路上的精神指引，为其健康成长搭建正确的世界观、价值观的阶梯。

（二）少年儿童社会权威人物的选取要注重亲和力和多样性

少年儿童社会权威认知教育中，对社会权威人物的选取应当是真实、生动，能够被少年儿童所接受和认同的。当代的少年儿童由于信息来源的多样化，已经开始发展起批判思维能力和敏锐的洞察力，不相信完美无缺的、空洞的权威对象，因此我们在教育过程中要注意发挥权威对象的亲切感、真实感等合理因素，注意为他们树立亲和力和真实感的权威对象。同时也要注重树立多样化的权威对象，这些对象可以是近期树立起来的先进典型，可以是学生身边的优秀同学，可以是英雄、道德模范，也可以是生活达人、行业科学家等，教育者要注意挖掘这些权威对象身上的闪光点，如优异的成绩、励志的经历、奋斗的努力、传奇的经历、与家人朋友的关系等，目的就是挖掘这些权威人物身上让人感动的地方，挖掘他们身上的感人故事，以激起少年儿童的强烈情感和学习动机。其实每个社会权威人物身上都有一些值得学习的优秀品质，如光明磊落、刻苦努力、严以律己、人格魅力等，可以让少年儿童从他们身上吸取成长的养分和要素，在这一过程中去强化少年儿童的思维力、鉴别力和批判意识。

（三）引导少年儿童学习社会权威人物的思想道德品质

少年儿童在模仿学习权威人物的时候更容易学习其外部形象和生活细节，如发型、服饰等，如果少年儿童以一种超现实、非理性、直观的社会认知来看待这些社会权威对象，就可能产生直接性模仿、全盘接受和沉湎式依恋，表现出来就是失去了对现象和特征的批判性思维。当然我们更不是要把社会权威人物塑造成过于完美的"神"，过度呈现其道德高尚的一面，忽视了其作为普通人的真性情，反而容易使其脱离现实生活，表现出来就是口头赞扬、实际行为不模仿、不学习。为此在教育过程中有必要引导少年儿童去欣赏社会权威对象的人格特征、气质特征和道德品质，从欣赏他们的良好的内在品质、利他行为中获得精神上的满足感。我们在实际工作也发现，伟人、英雄、劳模都可以成为少年儿童学习的社会权威人物，中小学生身边成绩优异、品德优异的同学更容易成为其学习模仿的权威人物。因为这些对象与其生活贴近，这样的社会权威人物更真实、更为亲切。

（四）少年儿童社会权威认知教育要注重启迪人生，力求触动情感、感化心灵

少年儿童社会权威认知是一个对重要他人认知、情感体验和行为示范的过程，权威他人本身优异品质、成功事迹、靓丽形象等容易在少年儿童中产生强烈的情感共鸣，引领少年儿童思想道德品质的发展方向。社会权威人物的道德品质、人格魅力、超强能力能够激励少年儿童不断进取、改进自我、超越自我，不断展现自我的人生价值；社会权威人物的先进事迹、示范行为能够激发少年儿童强烈的情感共鸣，让少年儿童深受感动、启发、鼓舞，促使其自觉地模仿权威人物的行为以不断塑造自身的行为方式；社会权威人物的积极进取精神、百折不挠精神等能唤起少年儿童的斗志、净化少年儿童的心灵，促进少年儿童奋勇争先，为社会做出杰出的贡献。特别是那些来自少年儿童身边的优秀人物、优秀事迹，来自现实生活又高于少年儿童的现实生活，给人可亲、可敬、可信、可学的印象，能够激发少年儿童的情感，促使少年儿童产生积极向上、努力趋近的强烈愿望。

（五）家校结合参与少年儿童的社会权威认知教育过程

少年儿童社会权威认知是其社会化发展过程中的必然现象，教师和父母都不该缺席少年儿童成长的这些过程，应该主动参与到少年儿童对这些社会权威人物的学习认知过程中。在这一过程中，教师、家长对少年儿童的学习起到观察、协助、引导的作用，帮助不同年龄阶段、不同

性别、不同特征的少年儿童从社会权威人物身上找到有利于自身发展的因素。当然，教师、家长要善于发现这些社会权威人物身上的优势和长处，包括高尚的道德品质、先进的思想观念、优异的人格魅力、亲社会的利他行为等，同时要善于将这些优秀品质具体化、形象化，拉近与少年儿童的心理距离，让少年儿童感到可学、易学。开展少年儿童社会权威认知教育，也要遵循从简单到复杂、从形象到抽象的发展规律以及活泼生动细腻的特点，促使他们容易对权威人物的先进故事感兴趣。教师、家长要善于利用现在新兴的媒体形态，用生动活泼、喜闻乐见的形式呈现这些权威的内在品质，如通过故事、话剧、视频等形式呈现出来，以增强社会权威特征的感染作用。

（六）营造健康的媒介环境，提高少年儿童舆论鉴别素养

网络媒介特别是一些新媒体如抖音、百度贴吧等信息纷繁复杂，还有很多虚假信息，并夹杂多种价值观念。为了营造健康的媒介环境，需要加强媒介的社会责任和社会管理，主要是通过监管制度使网络新媒介信息在传播过程中的各种操作能在阳光下运作，接受大众和政府的监管，避免因各类利益集团的暗箱操作所产生的不良社会影响，同时也要加强各类网络新媒介的社会责任教育管理，促使他们自觉遵守相关法律法规，积极宣传社会主义核心价值观，让体现主流价值观的先进典型、英雄模范人物能在新时代媒体浪潮中成为舵手，发挥主流价值观的宣传作用，为少年儿童营造健康良好的媒体环境。同时也需要通过理解、质疑、评价、检验等方式不断提高少年儿童对各类媒介信息的鉴别能力，让少年儿童学会用理性、怀疑、批评的眼光去对待电视上、网络上传播的各类信息，不断提高少年儿童的媒介鉴别素养。

第五章
少年儿童权威认知的发展特点

　　随着认知心理学和社会心理学等不同领域的相互渗透，人们认识到对客观存在的现象和自然因素的认知与对人和社会关系的认知是两种不同的认知过程。对人的社会关系的认知研究最早产生于人们对儿童道德认知发展的研究，皮亚杰进行了道德判断研究，科尔伯格在大量调查研究基础上进行的道德认知发展研究，形成了影响较大的道德认知发展学派。该学派对人的认知特别是儿童对自己和他人社会关系认知的研究做了卓有成效的工作。对儿童来说，权威包括教师、父母、偶像及有影响力的同伴，权威认知就是指对权威关系和权威特征的认知。权威认知是社会认知的重要组成部分，是儿童社会化发展的重要途径，儿童权威认知现象最早出现在 4 岁，并随着年龄的增长而发展（Windmiller M., et al., 1980）。纵观儿童权威认知研究的历史，关于儿童道德认知发展特点研究可分为以下 3 个阶段：

　　第一阶段，权威认知萌芽阶段，时间上大约在 20 世纪 30 年代到 70 年代，研究者以皮亚杰和科尔伯格为代表。这一时期的显著特点是儿童权威认知与其他社会认知是完全融合在一起的，多表现为儿童道德认知发展研究。在皮亚杰看来，儿童的道德认知体现了对权威的遵从。皮亚杰关于儿童道德认知发展的 3 个阶段都包含了对儿童权威认知的意义。在前道德阶段（0~4、5 岁），儿童对成年人权威一边倒地遵从，因为成人年纪大、个子大、力量大，在这一阶段儿童是无法独立做出道德判断的；

在他律道德阶段（6~11、12 岁），儿童会出于对成人的尊重而认为成人正确，无法独立于权威做出道德判断；在自律道德阶段（12~14、15 岁），儿童认为所有成员都是平等的，儿童与成人的关系是互惠关系。儿童是否尊重成人、是否把成人看作是权威，与儿童本身的道德推理有关。儿童开始无法把权威崇拜和恐惧与单方面服从区分开，随着年龄的增长，儿童的服从开始带有一些理性的评价，开始把与成人的关系看作是互惠关系。

第二阶段，权威认知研究开始阶段，时间在 20 世纪 70 年代—80 年代中期。皮亚杰和科尔伯格的研究影响了儿童道德认知发展研究 40 多年，直到 20 世纪 70 年代，美国心理学家达蒙才真正把儿童权威认知作为一个单独的心理现象进行实证性研究。达蒙主要利用了两难故事法研究儿童权威概念的发展特点，初步发现了儿童权威认知呈现出了一定的年龄特点：婴儿阶段对成人权威毫无认识，从五六岁开始儿童认为成人一般都具有内在的、必须要绝对服从的权力；大约在 8 岁时，儿童开始认为与成人的关系应该是一种互惠关系，开始具有了理性的特点；到了 11 岁或 12 岁时，儿童认为与成人关系应该是合作关系，儿童是否应该服从成人与具体情境有关，如果认为某成人是权威，除了特殊的知识能力，还应该考虑情境因素。在达蒙的带领下，关于儿童权威认知就迅速受到儿童心理学家们的普遍关注，只是这一时期人们主要研究对父母的权威认知或服从的问题。如尤尼斯和斯毛勒（Youniss, et al., 1985）研究发现，在穿衣方式、朋友选择、社交活动中，儿童既希望获得父母的准许，又希望获得更大的独立空间，在尊重父母权威的同时，又对父母权威的合理性抱有较为强烈的怀疑和挑战。

第三阶段，儿童权威认知的繁荣发展阶段，从 20 世纪 80 年代中期至今，主要表现为研究数量增加、研究设计更细、研究范围和领域进一步拓展。柏瑞恩等（1991）研究发现儿童顺从权威是因为认识到不顺从权威所带来的不良后果，儿童与成人的权威关系是相互作用的结果。劳帕（1991）研究发现成人的知识水平和社会地位对儿童的权威认知有很重要的影响，儿童对权威的服从并不是全部依靠成人角色。劳帕和特瑞尔（1986）研究发现，如果教师要求伤害他人时，儿童可能会拒绝这些指示。

第一节　少年儿童教师权威认知的发展特点

教师权威与教师权力、教师威信有关，是两者的统一体，其中教师权力是教师通过社会传统和社会制度获得某种社会地位的基础上，由教育机构赋予教师的权力；教师威信是教师个人综合素养和教育表现在学生中获得的某种社会地位。

一、少年儿童教师权威认知发展水平的特点

少年儿童对教师权威的认知随着年龄增长而不断变化，存在从服从向不服从方向发展的趋势。随着儿童年龄的增长，其思维的独立性和批评性增强，自我意识迅速发展、独立倾向日益强化，认知水平逐步提高，对事物的认知内容和认知形式都在不断发生质的变化和量的变化。初中学生与小学生相比，对事物的认识不再受感性认识和直接经验的影响，能够从多角度思考问题，对教师的权威认知会结合多方面因素综合考虑，而不是对教师言听计从。多数小学生认为应该听教师的话，甚至认为教师的话是毋庸置疑的，而初中生中这样理解的比例要低得多，初中生的反抗倾向逐渐趋于强烈，可能会将教师的指导和教育看作是对自身的束

缚，甚至表现为抵触和反抗。这是因为初中生处于从童年向青年过渡的时期，其心理、生理都在剧烈变化之中，处于成熟性和幼稚性、独立性和依赖性、冲动性和自觉性等矛盾冲突时期。初中生自我意识的增强，成熟性、独立性和自觉性的增加，也造成了情绪上的不稳定、逆反心理突出、个性矛盾变化，为了获得独立的感觉，可能会把教师的教导和指令看成是对自身的束缚而变得不服从。高中生更加趋于成熟和稳定，能从多方面来认知事物。由于高中学生面临分科、会考和高考的压力以及激烈的竞争环境，出于本能的逃避，可能会对教师的教育表现为不服从。崔倩倩（2016）的研究也发现，儿童年龄越低对教师权威的认同度越高，随着年龄的增长，儿童对教师的认同逐渐降低，也就是说儿童对教师的认同标准在提高，考虑是否服从权威时更加全面。崔倩倩、张文娟（2012）研究发现，初一学生由于刚进入中学阶段，对中学学习还在适应过程中，对教师命令与不良处理方式表现得更不服从。初二、初三学生学习负担加大，在学习上更加重视教师的指导、更容易服从教师的教育，更能够理解教师的不良处理方式。魏尚仪等（2018）研究发现，中学生对教师权威总体上是服从的，但也呈现年龄差异，具体表现为随着年龄的增长，中学生对教师权威的认知水平呈现下降趋势，初一学生相对高年级中学生更容易服从，而且这种服从在不同个体之间差异较小。从性别差异看，初中男生对教师权威的服从程度较之女生要低，女生比男生更容易服从教师权威。但崔倩倩（2013）的研究又得出了不同的结论，她认为少年儿童对教师权威的认知没有显著的性别差异，只是在个人生活领域男生比女生表现得更为自主、独立，不太服从于教师权威。这可能跟中国传统文化对男女生不同的性别角色要求有关。在中国传统观念中，男生被要求更独立、自主、果断、有主见，而女生则被要求更依赖、忍耐、顺从。

二、少年儿童教师权威认知内容发展特点

儿童与教师的亲密性随着年龄增加而变化，总体上呈现降低的趋势。初中生较之小学生与教师的亲密性显著降低（张凤，等，2016），而且儿童对教师权威越不认同，儿童与教师的亲密性就越低。儿童对教师规则和个人生活认同度越高，儿童与教师的亲密性、满意度就越高；反之，就越有可能与教师发生冲突。

儿童对教师道德品质认知上，总体趋势是小学中段学生对教师道德认同度最高，到小学高段有所下降，到初一新生时又开始回升，初二初三又呈下降趋势，到高一时再度上升，随后呈下降趋势，高三学生对教师道德认同度最低（丛玉燕，2005）。少年儿童对教师道德品质的认同度在每一个阶段的初期都较高，对教师的服从度也较高。如小学低段学生常常对教师言听计从，到小学高段开始具有一定的分析判断能力，对教师的教育方式开始有了自己的一些见解，随着年龄的继续增长，知识的进一步丰富，对道德判断、教师品质的认识也逐渐变得比较客观、公正。进入初中后，对新环境和新教师都比较好奇，对教师道德品质有某种程度的依赖，对教师也显得较为顺从、依赖。随着与教师接触的增加，与教师之间的道德"冲突"也增加，"成人感"增强，受同伴的影响，逐渐变得不再绝对相信教师这个权威，而是渴望与教师建立平等稳定的关系。但这个时候教师并不愿意将其当成人看待，仍把初中生当小孩子一样监护、限制、斥责，或者不断在初中生面前唠叨，因此常常表现为初中生与教师之间的冲突，不愿意服从教师对相关问题的处理。同样的道理，高中生开始时对教师也抱有较高的期望值而对教师较为服从，随着知识经验的增加，高中生逐渐变得不服从。

在教师职业道德和知识认知上，随年龄的增长，儿童对教师的认同、服从也呈现逐渐降低的趋势。由于小学低年级学生的向师性特点，他们

对教师职业道德和渊博知识是有较高认可度的。但是随着信息技术的发展，教师从知识的"垄断者"和"代言人"慢慢转变为"知识上位者"的边缘地位。由于面临网络时代、信息时代多元思想观念、价值观念的碰撞和冲击，教师在思想意识、价值观念等方面面临挑战，教师的知识权威形象出现削弱现象。随着年龄的增长，高年级或者中学生对教师职业道德和知识权威的认知，逐渐从服从转变为不服从就是自然的了。

在遵循社会规则和个人生活权威方面，小学阶段学生都表现为比较一致的认可，年级差异也较小。随着年龄的增长，从初一到高三，少年儿童对教师在遵守社会规则和个人生活权威的认可度方面逐渐趋于不服从。小学生的自我意识还没有得到充分发展，对社会规则、个人生活等的认知程度低，对教师的形象认识包括对教师遵守社会规则和个人生活权威认可度均较高。随着年龄的增长，产生"成人感"体验，认为自己已经不是小孩子了，应该有与成人不一样的想法和做法，没有必要事事都听教师的，自我意识逐渐得到强化，希望能够独立处理一些自己的事情，而不希望成年人包办代替。实际上初中时期的少年儿童处于半成熟半幼稚阶段，但比小学生表现得更为理性。高中阶段学生面临多方面的学习压力，认为自己的能力足以处理很多事情而不愿意服从教师。高三学生认为自己马上将步入成人阶段，自己也应该像成年人那样处理自己的事情更加不愿意听从教师的安排。

在对教师的情感态度方面，小学生对教师的情感态度没有明显的年级差异，对教师的情感态度方面明显较为浓厚。到初中阶段以后，随年龄的增长，少年儿童对教师的情感亲密度逐渐降低，到高三的时候最低。这跟初中生的自我意识发展有密切关系，他们思维的批判性也逐渐发展起来，不会轻易接受他人包括教师的意见，对别人的思想、情感要先经过一番思考，甚至对一些想法、态度持有怀疑或批判态度，要求教师尊重他们，愿意与他们交朋友，重视朋友友谊并不是对作为朋友的教师服从，而是经过认知审视和批判后才决定是否服从。到了高中阶段，学生更加重视教师的人品、知识、教学水平，对教师进行评判的维度也明显增多，对教师的要求也更高。

少年儿童对教师权威的认知具有一定的跨情景性，多数儿童认为教师在校内具有权威性，在校外则不具有这种权威性。如果说教师在校外还具有权威性，那也仅仅是针对个别事务，如打架斗殴这样一些突发性事件上。相对来说，高年级儿童更不容易接受教师在校外的权威性，低年龄段儿童更容易接受教师发布的校外活动规则和指示。

第二节　少年儿童父母权威认知的发展特点

人们从社会学、政治学、管理学和社会心理学角度对权威进行了较多的定义，这些定义里面都包含了社会控制的重要作用，也就是个人或群体对他人和其他群体的影响，或者说是个体拥有的影响他人或控制他人的权力（王美萍，2006）。父母权威表现在管理孩子的过程中是否能够让孩子服从父母的管教和命令。儿童一出生就面临着父母的权威，显著地影响着儿童社会化发展的过程，并伴随其全部的成长过程。父母权威认知就是指个体对父母所制定规则和管教要求的认知，具体表现为对父母权威合理性认知、对是否遵从父母要求的认知以及对个人权限的认知等多个领域。

对权威认知的研究起源于皮亚杰对道德认知的研究。美国心理学家达蒙通过两难故事法研究了少年儿童权威概念的发展，结果发现儿童权威概念呈现逐渐发展的过程，从最初的绝对服从、盲目服从，随着年龄增长自我意识的提高，发展到为了避免惩罚而服从，最后发展到客观评价和有条件的服从。父母会根据社会习俗规则，关心儿童、保护孩子，逐渐学会与别人交往，这是基于利益、信任、公平以及权利而建立起来的（Smetana，1997）。父母在教育孩子的时候，常常从个人需要出发，而不是从道德、习俗或一些较为复杂的行为与孩子协商。Smetana研究发现，母亲会在这样一些领域里与孩子进行一些协商和让步，这些领域包括不经父母允许拿钱、说谎等道德问题，与父母顶嘴、不礼貌等习俗问题，晚睡、自选衣服和发型等个人问题，喝酒、抽烟、吸毒等谨慎问题，约会、看望陌生朋友等友谊问题，不爱卫生、晚归等多重问题。父母在这些问题上可能会与孩子商量或者做出妥协，主要表现在以下几个方面：首先，少年儿童会认可父母在道德和习俗上的权威性，只要父母的要求是公平的或者是不违背道德的行为，他们在一定范围内会接受父母的管理权限（Smetana，2000）；其次，个人领域的需求对少年儿童的个性化发展以及自主和同一性的发展非常重要，这些个人领域的需求不仅取决于与父母权威之间的相互关系，而且这种需求范围会随着年龄增长而不断拓展。另外，少年儿童与父母对权威领域的认知总是有些不同，尽管父母也承认孩子自主性的发展对孩子独立面对挑战很重要，但由于孩子年龄小、不成熟，所以会认为不能给孩子更多的自主性，而少年儿童对自主范围的要求总是比父母给予的自主性要多一些，表现出来就是父母与孩子的冲突增加了，孩子出现了一定的逆反心理。亚洲文化与欧洲文化具有不同的背景，一般情况下亚洲少年儿童对父母权威的认同程度要高于欧洲文化背景的少年儿童，这可能与亚洲文化更加倾向要求认同父母的权威。但现有研究对西方文化背景下的父母权威认知研究较多，而对亚洲文化背景下的父母权威认知研究较少。

一、少年儿童父母权威认知的年龄发展特点

关于父母权威认知年龄发展特点的研究起源于美国心理学家达蒙。他运用两难故事法研究了4~11岁儿童的权威认知现象，发现儿童的权威

认知特点呈现出与年龄相关的阶段性变化：①儿童对权威抱有无条件依赖的认同态度，不能将权威的态度与自身的个人愿望区分开来；②儿童逐渐意识到与父母的冲突只能通过服从来解决；③儿童把父母看作是无所不能和具有至高无上地位的人，对父母表现为服从；④基于互惠原则，儿童会把对父母权威的服从看作是为获得某种报答而做出的必要努力；⑤随着公正意识的发展，儿童不再无条件服从于父母权威，逐渐表现为对父母权威的有限服从；⑥儿童仍然会服从于权威，但这些权威是被公众集体认可的人，而不是身边的全体成年人。少年儿童对父母权威认知的发展开始于在亲子交往中产生的对权威的理解和对规则的服从。在儿童早期，儿童认知能力弱，对父母权威的服从是全面的、无条件的。随着儿童社会认知能力的发展、对社会关系理解的增加、知识系统的丰富和完善，父母权威在儿童心目中的地位逐渐动摇，少年儿童越来越不愿意接受父母权威的管束，特别是与他们的个人事务相关的一些问题上，如穿衣、交友、朋友聚会等，越来越表现出希望自主地决定一些事情。

一般来说，少年儿童对父母权威的认同程度随着年龄增长而逐渐下降，自主行为的要求也越来越强烈。Fuligni（1998）比较了六年级、八年级和十年级儿童对父母权威的认同情况发现，年龄越大的孩子越少接受父母的权威。Darling（2008）对初中阶段学生进行跟踪研究发现，他们对父母权威的认同不是随年龄的增长而增长，而是随年龄的增长而下降，儿童对父母权威的认识不是一成不变的，而是随年龄的增长而变化的。国内心理学家李伯黍（1984）认为儿童经过对公正观念——父母权威之间的冲突，从年幼时的不能区分父母权威与公平观念之间的关系，经过与父母权威的冲突，最后发展到在做出决定时考虑多方面因素，包括公平观念、平等观念，也包括自己与父母之间的关系以及当时所处的情况。

少年儿童父母权威认知随年龄增长而变化，但不同年龄阶段学生的权威认知有不同的特点。如张卫（1996）采用两难故事法研究发现儿童对父母权威服从的态度以及评价有所不同：低年龄阶段儿童不能区分公平观念与父母权威之间的差异，或者说把两者混为一谈。随着年龄增长，儿童逐渐能够理解公平观念，并对父母权威表现为似乎不服从甚至对抗父母的权威。安秋玲（2003）研究发现，儿童对父母权威认知发展开始时以外部信息为导向，然后发展为工具导向，随着认知水平的提高，再发展到经过个人认知评价后的以自主决定为导向阶段，表现出来就是儿童对父母权威从服从到不服从。

男女生在父母权威认知发展过程中表现出一些不同的特点，总体上呈现出从服从到不服从的发展趋势，但在初中以后女生对父母权威的服从度要高于男生，且女生在一般个人事项领域希望拥有更多的个人决定权。这可能是传统文化对女生的要求不同于男生的社会角色行为影响的结果。在我国的传统文化里，男性承担的角色是独立的、勇敢的、竞争性的和控制的，而女性则应该是温柔的、服从的、和谐的和非攻击性的。在一般个人事项领域，女生却表现出比男生更多的个人决定欲望。对父母权威的认同更多属于传统文化、传统习俗的范畴，在个人事项领域对个人自主决定权限的要求更多属于一种本能，或者说是自我保护的本能需要。因此，在是否遵从父母权威认知的要求问题上女生比男生表现出更多的服从性，但在个人事项领域女生表现出更为成熟、更加自主的期望。

二、少年儿童父母权威认知领域的发展特点

少年儿童父母权威认知存在领域差异，在父母道德、友谊、学业等领域表现出不同的权威认知特点。

首先，对父母在思想品德、为人处世、是非善恶等方面具有较高程度的认同和服从，也就是少年儿童更容易受到道德领域的管理和约束。无论是在哪种文化背景下，儿童对父母在道德领域的权威遵从度都较高，认为这是理所当然的。到了初中阶段，儿童虽然进入青春期，成人感和自我意识爆发性发展，儿童对父母道德权威的遵从度仍然是难以动摇的。随着年龄的增长，儿童对道德的认知已经有了较多的发展，能认识到道德领域涉及公平、公民的社会习俗规范和社会义务问题，对父母道德权威的服从虽然是一致的，但对道德权威的理解会有差异。

其次，在少年儿童的友谊领域却表现为不太遵从父母的权威。虽然在表面上仍然会表现出一定程度的认同和服从，但对父母在友谊领域的权威的服从度在所有领域里是最低的。儿童对友谊的接受倾向更容易基于个人理解角度而不是从父母权威角度，儿童也更愿意从朋友那里获得陪伴的需要、找到自我存在的价值和建立人际亲密关系。对于与朋友的友谊问题，如果与父母发生冲突的话，儿童更愿意自主地决定而排斥父母权威的要求。在少年儿童看来，友谊不同于道德领域，更属于个人领域的事情，是自己的事情，无须别人过多干预，因而会表现出对父母权威较低的权威认同度，要求较高的自主决定权。少年儿童对友谊要求更多的决定权，也与中国传统文化有一定关系，中国传统文化里本身就强调和谐、亲密的人际关系，友谊就是这种和谐、亲密人际关系的典型代表，少年儿童很多时候把朋友之间的友谊放在父母权威之上就容易理解了。

学业领域是学生个人的事情，因此在做学业领域事情判断的时候少年儿童也更倾向自己做出判断而不是遵从父母权威。但学业领域与友谊等个人领域的事情相比，有不同的特点，因为在我国传统文化里特别强调"活到老学到老"，勤奋求学是我国的优良传统，因此其又具有道德习俗领域的特征。在学业领域是否遵从父母权威问题上，少年儿童表现出了较为矛盾的现象。对父母对自己学习要求是否合理的判断上，少年儿童多是从自己理解的角度上做出判断，多是做出与父母不一样的判断甚至抵触的认知；但在是否服从父母学习要求时少年儿童无论年龄大小都表现出了较高的遵从度；在确定学习目标这些关键问题的时候，少年儿童一般认为应该由自己来做决定，而且这个决定可能会高于父母确定的目标。因此可以推论，少年儿童在学业领域对父母权威的遵从既受到传统习俗的影响，又希望表现出追求更高的目标冲动，这可能是少年儿童内心的某种潜能激发的结果，也可能是通过这种方式来增强个人在学习上的信心。

从少年儿童父母权威认知的研究中，我们常常发现父母权威与个人权限之间相互对立和混淆，对父母权威认可就限制了个人权限，对父母权威不认可就倾向坚持个人权限。另外，我们也可以发现两者并不完全对立的领域，也就是既承认父母的权威服从父母的权威，又要求个人自主决定的权限；还存在这样一类群体，既服从父母权威也坚持个人权限。

三、少年儿童父母权威认知的影响因素

很多因素都会影响少年儿童父母权威认知的发展，包括父母教养方式、少年儿童自我意识、亲子关系、少年儿童心理行为问题等。

（一）父母教养方式

不同的教养方式背景下少年儿童对父母权威的认同会存在明显差异，有学者研究发现对父母权威的认同度，由高到低的教养方式分别是：权威型、专职型、溺爱型、忽视型（王美萍，2001）。民主权威型的父母有明确的行为准则，尊重孩子的合理性选择，对孩子的要求和满足适中。在这样家庭环境中长大的孩子会倾向认为对父母权威的遵从是合理的、自然的，父母的行为做事准则更容易内化为自己的价值观，孩子也更容

易做出与父母相一致的行为。专制型的父母常常以自己的意志为中心，强迫孩子服从自己，不管自己的要求对与不对、是否符合孩子的需求。亲子之间缺少必要正确的沟通，孩子的自主决定权限少、自主性需要难以发展起来，个人需要受阻后产生的内心矛盾难以得到释放，少年儿童会在服从权威和自主决定权限的矛盾之中循环往复，只能被迫服从父母权威，对父母产生矛盾认知和抵触情绪。良好的家庭教养方式有助于少年儿童形成与父母合理的亲子依恋关系，不良的家庭教养方式阻碍了少年儿童亲子依恋关系的正常发展。父母对孩子的关爱、合理认同是少年儿童心理成长的安全港湾，促进孩子安全感的发展，相反不良的家庭教养方式背景下孩子缺少父母的合理认同，会与父母保持一定的心理距离，难以形成安全感的亲子依恋关系。民主权威型的父母会更好地满足孩子自主发展的需求，倾听孩子的想法，会不断地调整自己的行为，以保持对少年儿童自主性的理解，更好地促进孩子自主性的发展。控制型的父母，为了让孩子完全服从自己，会把自己的意志强加到孩子身上，不理解孩子的独立性、自主性，不尊重孩子个性化需求，不能放手促进孩子个性化发展，导致孩子对父母的抵触也更强烈。

（二）少年儿童自我意识

少年儿童的自我意识处于快速发展的阶段，自我意识的发展也深刻地影响着父母权威认知的发展。有学者研究发现，少年儿童内向性自我意识和外向性自我意识对父母权威认知有不同的预测效果，其中内向性自我意识能更好地预测父母权威认知的发展水平，而外向性认知能更好地预测个人自主决定权限（王舒，2006）。少年儿童自我意识开始发展，特别是初中阶段是思维发展的重要转折期，思维的独立性、批判性增强，开始关注自己的内心世界，开始从不同的角度认识自己、评价自己，也关心他人对自己的看法。少年儿童自我意识的发展以及对自己的关注引发了各种关于自我问题的思考，并逐渐对自己产生怀疑，认为自己可能思考过多，与别人不同甚至有超过别人的能力。他们的思维又容易陷于狭小的范围，思考的问题增多，内心体验也开始变得丰富细腻，但又不愿意更多地与父母、同伴交流，甚至会减少跟父母的交流，降低对父母权威的服从，增加与同伴的沟通并寻求同伴朋友的认同。

重要他人特别是教师、家长、同伴都会对孩子的自我意识发展产生重要影响。个体自我意识发展既要受到个体知识经验的影响，也要受到重要他人（包括父母、教师）反应和评价的影响。父母无疑对少年儿童自我意识的发展有重要影响，随着孩子认知能力的发展，如果父母能理解、认同孩子的行为，与孩子建立信任、依恋的亲子关系，孩子会从内心接受父母的反应和评价，觉得自己的行为和决定有价值，从而较快速地确定自我价值、自我概念。相反如果孩子的决定和行为反应，常常被父母予以抵触、否定，少年儿童会怀疑自己所做出决定的正确性、自己在该事件上存在的价值，使自己处于矛盾紧张的状态，从而阻碍自我意识的发展。在研究中也发现，少年儿童内向性的自我意识越高，对父母权威的认同度就越高；外向性自我意识越高，与父母的冲突越多，也难以与父母建立亲子依恋关系。这是因为内向性自我意识较高的孩子，会更多地关注自己的内心，并愿意根据自己的内心去理解父母的想法，更容易理解父母的想法，即使有不同的理解也会被这种内心的关注给抵消。外向性自我意识较高的少年儿童更加关注外部世界，容易脱离传统家庭环境的束缚，这恰恰背离了家庭认同度，背离了对父母权威的遵从，给父母权威认知带来消极影响，表现出来就是孩子与父母之间不断、无休止的冲突。内向性自我意识较高的少年儿童与父母常饱含丰富的情感因素，儿童与父母的体验也很深刻，双方也更多地关注彼此之间的关系，容易带来更多的对父母权威的认同和遵从；而外向性自我意识较高的少年儿童会更多地迎合家庭以外的他人，表现出对外人的从众和遵从，这会给父母一种不服从、叛逆的印象，给他人一种自主性较强、适应社会的印象。

（三）亲子关系

少年儿童父母权威认知与亲子关系存在正向关系，个人自主决定权限认知与亲子依恋关系存在负向关系。也就是说，少年儿童越认同父母，亲子依恋关系发展越好，关系也越亲密；个人自主权限认知越高，少年儿童的亲子依恋关系发展越差，与父母的关系可能更疏远。随着年龄的增长，少年儿童会逐渐不认同、服从父母权威，越来越要求自我做出决定。父母与孩子的关系越亲密，少年儿童就会更倾向认同父母权威，在合适的时候也能够自主，父母也乐意让他们自主做出决定；父母与孩子的关系越疏远，父母越倾向让孩子服从自己的决定，亲子之间的冲突就会越激烈、越频繁。

良好的亲子关系会让孩子认为父母是可信赖、安全的、温暖的、支持的，少年儿童更容易理解父母的想法、认同父母的决定，把父母的价值观内化为自己的价值观，从而更容易表现出服从父母、与父母规则一致的行为；不良的亲子关系，会对自己有消极的自我评价，也会消极地评价他人甚至父母，形成较差的父母印象，认为父母是不可靠的、不安全的、疏远的、不理解自己的，内心会自觉和不自觉地抵制父母的权威，对父母权威产生较低的认同和服从。良好的亲子依恋关系会给予少年儿童更多的探索自己，评价父母和他人，发展自主性和自我意识的机会。亲子依恋关系是与父母关系的心理反映，会形成个体成长的内心环境，而且这种环境氛围是和谐的、亲切的、依赖的、安全的，让少年儿童有足够的机会去探索自己、探索外界、探索他人，从多个角度去审视世界，发展起各方面的能力，自主地展现自我发展需要，不必担心父母会疏远自己、否定自己，从而形成对自己的合理评价和对外界的合理评价，当然也容易形成对父母权威的合理认知。良好的亲子依恋关系有助于少年儿童自主性的发展。在良好的亲子依恋关系环境下，少年儿童与父母的分离是促进其自主性、个体社会化发展的前提条件。只有在安全、可靠的亲子依恋环境下，即使在对父母权威认同度下降的情况下，儿童也不需担心父母会给他带来多少不可抗阻力，自主地决定一些事情，即使这些事情决策错误，也不会担心受到较多指责和压力，从而达到自主性、个体社会化发展的目的。

（四）少年儿童心理行为问题

如果说同伴关系是一种横向关系，与父母权威关系就是一种纵向关系，而且两者都是少年儿童重要的社会关系。研究发现，少年儿童心理行为问题与父母权威认知互为影响因素，孩子与父母之间的破碎关系也容易带来少年儿童对社会道德准则认知的缺乏，从而引起少年儿童的心理行为问题或者带来一定的反社会行为。少年儿童对父母权威关系的认知会影响其对社会规则的认知，影响对相互关系和社会责任的认知，从而影响少年儿童心理行为品质的发展。儿童对父母不正确的认知甚至可能带来严重的不良行为甚至犯罪。实际上对父母权威的积极认同和服从有利于减少少年儿童心理行为问题，对父母权威有较高遵从度的少年儿童，父母控制也较少，儿童也能够自主做出决定，儿童也会认为自己有义务如别人一样，特别是与父母一样遵守社会习俗和社会规范，从而表现出良好的社会行为特征。

少年儿童与父母的冲突容易发生在一些日常生活事务如家务、学习、娱乐和人际交往中，也易发生在与父母一起的一些道德判断事件中。父母认为非常重要的社会习俗、道德准则这些领域，受到传统文化的影响，有固定不变、约定俗成的部分，尊重父母在这些领域的权威性，有利于维护社会稳定，体现个人社会价值。但在一些显著的个人事项领域，如友谊、个人学习目标等，少年儿童逐渐学会维护个人自主决定权限。父母权威认知必然受到传统文化的影响，中国传统文化较为重视传统美德及其影响，而西方文化则会把这些伦理道德看作是社会习俗而非道德问题，所以，中国的少年儿童对父母的认同度可能会高于西方少年儿童对父母权威的认同和遵从。父母权威认知具有较好的跨情景性，这是因为作为儿童看护者角色，父母的角色行为并不局限在特定的范围内。但当父母权威的指令与教师、警察等社会权威指示发生矛盾时，其指示的合理性会受到怀疑，少年儿童对父母权威的认同和服从就会降低。

第三节　少年儿童社会权威认知的发展特点

皮亚杰在《儿童的道德判断》一书中指出，少年儿童存在道德实在论的倾向，即无论成年人的命令如何，任何存在的命令都是好的，在年龄小的孩子看来，成年人具有年纪大、块头大、力量大的特点，所以应该遵从成人权威。美国心理学家劳帕（1991）通过文献回顾和分析认为，在社会权威众多的特征之中，成人身份、拥有的知识量、成人社会地位或社会职责是最重要的 3 种权威特征。劳帕以美国儿童为对象，研究了儿童对这 3 种成人权威特征的认同情况，结果发现儿童在决定是否遵从成人指令时更多依据的是成人的社会地位、成人知识，较少依据成人身份。少年儿童社会权威认知的研究属于儿童社会认知发展研究的范畴。社会认知发展研究主要包括儿童对社会现实、自己与社会的关系这些社会现象的研究。其中，对社会现实的研究主要是对社会道德和社会习俗规则认知特点的研究；对自己的认知研究主要是指对儿童对自己与他人关系、自己与他人内心状态认知的研究；对社会关系认知的研究主要是指关于友谊、朋友、偶像、榜样等权威关系认知的研究。少年儿童教师权威认知、父母权威认知的文献较多，研究成果也较为丰硕，但对社会权威认知研究的文献较少。本书所指导的社会权威是指在道德品质、知识素养、社会职责等方面具有一定影响的对象，包括科学家、警察、同伴等。

一、少年儿童社会权威认知的发展特点

我国心理学家利用两难故事法、设置社会权威情景的方法，研究了不同年龄阶段少年儿童对社会权威的认知特点（张卫，1995）。结果发现成人身份、知识、社会职责三种特征都拥有者，在少年儿童中间拥有最高的权威性，有两种特征者次之，有一种权威特征者再次之，三种权威特征全无者对于少年儿童就无权威性。在三种社会权威特征中，少年儿童最看重的是成人身份，最不看重的是社会职责。随着年龄的增长，少年儿童对社会职责的评估逐渐提高，到 13 岁左右时，社会职责就占据少年儿童评价的主要地位，成人身份作用逐渐降低。从权威特征的配对选择上看，知识特征被选择的可能性最大，当知识特征与另外两种特征配对时，其权威性就提高；社会职责特征在 13 岁时对权威性的影响不大，13 岁以后其作用就超过了其他两种特征，但如果失去了其他两种特征的支持，社会职责的作用将大大减弱。

知识实际上构成了社会权威的必要条件。在权威构成中仅有知识是不行的，其他特征如果没有知识特征的支持也是不行的，在知识基础上再辅以其他特征，社会成员才可能有更高的权威性；少年儿童社会权威认知随年龄增长而发展提高，13 岁儿童较为看重社会职责的作用，并逐渐将之看成是最重要的社会权威特征，而知识特征和成人身份特征的重

要性却逐渐下降。这可能是因为随着儿童社会经验的丰富，逐渐认识到在解决具体问题的时候仅仅有知识和力量是不够的，还必须与具体职责联系起来，社会权威仅仅是在一定领域内发生作用，受到权威所在领域的限制，但知识仍在其中发挥着重要作用，因为知识如果能和社会职责相结合的话，将能更好地解决问题。少年儿童对成人身份权威特征作用的理解随年龄增长逐渐下降。低年龄阶段儿童常常认为成人本身就是有知识的，并不能把知识与成人身份严格区分开，不能理解这个世界上还有没有知识的成年人。随着年龄的增长，少年儿童逐渐认识到成人身份并不是和知识必然联系在一起的，于是到一定年龄阶段以后，儿童对成人身份权威特征的评价开始下降，在权威对象的选择上开始选择身边的同伴权威而不是选择年龄较大的叔叔、老爷爷。随着年龄增长，不仅儿童对单一权威特征的评价呈现下降趋势，对两两组合的权威特征作用的评价也呈现下降趋势。对于少年儿童心理来说，任意一个权威特征的缺少都可能影响解决问题的结果，从而影响其对社会人员权威形象的判断。这一个研究结论对教育和广告学领域有重要启示意义，如果要改变消费者的购买取向，用 3 个特征全无的对象如儿童作为广告形象会产生较好的效果，如果要说服消费者购买某种产品，使用 3 种权威特征都具有的社会权威形象（完美权威）更容易产生良好的广告效果。少年儿童对社会权威的判断仍然与文化背景相关，美国儿童可能更注重社会职责这个权威特征，中国儿童更注重知识这个权威特征；美国儿童对成人身份权威特征的判断在较小年龄就开始下降，而中国儿童在较大年龄阶段才将知识与成人身份区别开来。

少年儿童对社会权威认知特征的发展具有阶段性。少年儿童对社会权威认知特征是一个比较长期的过程，在儿童不能很好地区分知识和成人身份特征的时候，则根据不能确定的外在信息来被动地认知权威关系，没有在对社会权威的认知中维护自我权利的意识。随着少年儿童年龄的增长，逐渐意识到社会权威特征是随时间和现象的变化而变化的，虽然认知内容有所变化，但权威地位并没有变化，社会权威仍然处于相对主导地位，于是儿童开始根据社会关系双方的变化灵活做出判断，希望实现自己的目标，权威主体实际上处于工具定向状态。随着儿童自我意识的不断增强，维护自我权利的愿望也在逐渐增强，他希望得到社会权威主体的接受和认可，关注周围成年人对自己的评价，开始表现为接受社会权威制定的规则和要求。少年儿童在社会权威认知的发展过程中应该存在一定的合理化过渡时期。总体上来看，少年儿童权威认知的发展可以分为以下 5 个发展阶段：阶段一，外部信息定向阶段。少年儿童对社会权威的认知主要受到外部信息的制约，个体缺少维护个人利益的意识，社会权威居于主体地位。阶段二，工具价值定向阶段。少年儿童对社会权威认知受到外部环境信息和个体内心心理过程的共同制约，社会权威对少年儿童来说是实现个人愿望的一种工具，个体实际上是基于功利目的来决定是否认同或遵从社会权威。阶段三，合理化过渡阶段。个体开始努力协调权威要求与自我发展之间的关系，既不让权威特征过于影响自己的判断，也不让自己的个人愿望过于依赖权威，努力追求权威认知与外在行为的某种平衡。阶段四，自我发展定向阶段。少年儿童主要根据自己的意愿来判断是否遵从社会权威，个体具有较高的维护权利意识，行为的目的就是维护个体权利并促使自己得到更好的发展。儿童开始把自己放在社会权威关系中的主导地位上。阶段五，理性协调阶段。少年儿童开始理性思考个体与社会权威的关系，接纳社会权威的意见、遵从权威的要求，对少年儿童来说是一种自愿选择，强调双方的协商一致。

二、少年儿童社会权威认知教育现状与教育策略

随着社会权威对少年儿童影响的研究不断深入，少年儿童社会权威

认知教育同样引起了关注。

（一）少年儿童社会权威认知教育现状

1. 少年儿童选择社会权威榜样的基本情况

多数少年儿童对自己的同伴较为熟悉，能够选择同伴作为自己学习的权威榜样，能够理解社会权威的身份特征、知识特征和社会责任内涵。少年儿童选择社会权威类型上也呈现出多样化的发展趋势，选择身边权威和影视权威人物的不在少数。根据崔欣伟（2021）的调查，小学生中有 54.6%的选择革命英雄，43.7%的选择为自己上课的学校老师，40.1%的选择少先队干部。总体上看，身边的社会权威人物老师、同伴占比较高，其次为革命英雄，小学生选择其他社会权威，包括文化人物、军事家、政治家和科学家的比例较小。初中学生选择身边的社会权威榜样的占到 73.2%，其次是影视明星占到 38.7%，英雄人物、艺术家和思想家等学者也占到一定的比例。杰出的社会权威人物在少年儿童社会权威榜样的选择比例中一直占有较高的比例，但随着时代的发展，初中生选择的社会权威榜样也在逐渐发生变化，杰出的社会权威人物包括科学家、劳动模范、社会精英的选择比例甚至低于影视明星的选择比例。这说明社会传媒的宣传影响也使影视明星为少年儿童知晓并亲近，可见影视明星对初中生的社会权威认知的影响不容忽视。少年儿童对社会权威信息了解的途径主要有网络、电视、广播、同学与朋友等。可以说，大众媒体包括互联网、电视广播等形式对学生传播社会权威信息的影响越来越大。

2. 少年儿童更注重社会权威的内在品质

少年儿童对社会权威榜样对象的选择从外在形象、年龄等因素逐渐转为重视内在品质，并与社会主流价值观相吻合，社会公共事件中的先进典型权威容易成为他们选择的对象。少年儿童更愿意关注那些在内在品质、人格素养和社会价值比较明显的人物，特别是在经历了新冠肺炎疫情这一重大公共卫生事件后，疫情防控中涌现的优秀典型人物如钟南山、张文宏等成为他们心目中的偶像。宁波某小学 1 100 名学生开展了主题为"你心中最崇拜哪类人"的问卷调查，以钟南山为代表的公共卫生事件先进人物与警察、志愿者等成为少年儿童公认的英雄人物，影视明星的地位出现了下降趋势。这说明疫情防控中涌现出这些英雄人物高尚的灵魂、优秀的品格、坚定的信念和不畏艰难的勇气，为当代少年儿童树立了良好的榜样，逐渐成为社会权威认知教育的方向。

3. 少年儿童社会权威榜样教育中存在的主要问题

在现实社会权威榜样教育中选树的榜样，如英雄人物、道德模范、政治人物等的权威特征较为抽象化、概念化，对这些榜样人物包装得过于完美，甚至就是一个"完人"形象，去掉了其中温暖、人性化的特征，会让学生觉得高不可攀，可以让学生感动但难以实际影响到学生；现实中的社会权威认知教育以说教为多，忽视学生自主性、个性化需求。现实中的社会权威榜样教育方法上简单化，多采用外在灌输的方式，如以教科书呈现、课堂讲授、举办主题活动等形式展开，表面上搞得轰轰烈烈，但实际上对社会权威内涵挖掘不足，重视形式，忽视学生内在心灵的唤醒，缺乏教育活动本身要求的主体性，容易引起学生主体参与不足或者消极应对。

社会权威榜样教育可能脱离少年儿童真实生活，存在实践体验不足效果不佳的问题。社会权威榜样教育可以贴近学生实际生活进行，引导学生从身边人学起、从可感的人物学起，只有当榜样人物引起学生强烈的情感共鸣时才容易让学生产生某种亲近感，才容易引起学生强烈的学习欲望。但现实中的社会权威榜样教育形式、方式上多是教材、课堂等，缺少学生实际体验型的活动教学形式，选择的这些学习权威也不一定是孩子身边的可亲、可感之人，较为脱离学生的体验实际，难以与学生产生强烈的情感共鸣，不能产生良好的教育效果。

社会权威榜样教育有碎片化、边缘化的趋势，缺乏对榜样的系统整合和凝练。部分少年儿童选择的社会权威榜样显得功利化、世俗化，如那些光鲜的影视明星成为不少青少年崇拜的偶像，而传统的社会权威榜样如刘胡兰等英雄人物形象有越来越边缘化的趋势。此外，目前对社会权威榜样资源的研究整合和资源凝练方面做得很不够，包括这些典型人物形象的精神文化价值凝练，如果不寻找有针对性的、体验式的教育方式，易导致社会权威榜样教育的碎片化、教育方式的理论化。

（二）少年儿童社会权威认知教育策略

社会权威榜样教育对促进少年儿童身心健康成长有着非常重要的现实意义。不同的时代背景、不同的主题文化要求，对社会权威榜样教育的要求也不一样。

1. 全面把握培养造就时代新人的新要求

进入新时代，党和国家高度重视少年儿童思想政治教育，把培养时代新人作为着力点。2015 年习近平总书记在第五届全国劳动模范座谈会上强调："道德模范是道德实践的榜样。要深入开展宣传学习活动，创新形式、注重实效，把道德模范的榜样力量转化为亿万群众的生动实践，在全社会形成崇德向善、见贤思齐、德行天下的浓厚氛围。"2019 年《新时代公民道德建设实施纲要》《新时代爱国主义教育实施纲要》等文件先后发布，要求精心选择时代楷模、先进典型，关心关爱劳动模范，广泛宣传他们的先进事迹和突出贡献，对树立时代价值取向、彰显社会道德高度具有重要意义。

2. 坚持教育的主体性、主动性、体验性，引导少年儿童思想意识健康成长

新时代少年儿童的自我意识更强，社会权威榜样教育必须遵循其身心发展规律，符合其心理发展特点，接受其心理诉求，突出少年儿童教育主体地位。少年儿童好奇、好动、善于观察模仿，必须改变社会权威榜样教育神化、抽象化做法，将社会权威榜样具体化、现实化、具体化、形象化。尽量从少年儿童身边去寻找榜样，如家长、同学、同伴等，以贴近生活、贴近少年儿童真实生活情境为原则，以充分发挥这些榜样人物的示范带头作用。在教育形式上，要开展主题班会、主题班日、现场教学等生动活泼的教学形式，同时还要注重利用新媒体，丰富影响儿童的教育形式和手段。根据少年儿童追求独立且价值观多元化、自我意识逐渐增强的特点，教育一定要充分尊重儿童在榜样教育中的主体作用，促进其从道德教育课题变为道德教育主体。也就是说，要从"我选你学"转向到"自选自学"，充分调动学生学习的主体性，增强学习的体验性，提高学习效果。

3. 尊重少年儿童社会权威认知发展阶段，体现教育的层次性和生活实践性

少年儿童社会权威认知发展从外在信息导向发展到工具导向阶段再发展到自主决定阶段，与少年儿童道德发展水平正相关，这就要求对少年儿童社会权威榜样教育要做到学习对象选择的多层次性，针对不同发展阶段的个体，提出不同的道德发展要求，提供不同的道德权威学习榜样。中国几千年的历史长河中产生了一代代圣人、君子、士大夫，现代社会主义社会也有较多英雄模范人物，可以成为少年儿童学习的典范。社会权威榜样教育需要倡导更多的社会实践教育，通过角色扮演、实践体验、情感互动和行为表达，通过切切实实的实践留下更为深刻的印象。

4. 深入开展社会权威榜样资源的研究整合，实现榜样教育的科学化、体系化

在社会权威教育的实践中，存在忽冷忽热、突击性实施的现象，缺少科学化、体系化的探索。针对社会权威榜样教育边缘化、碎片化倾向问题，需要开展榜样资源的研究整合，通过人文社会学科研究基地、社会科学项目立项等形式，开展专项研究、系统研究，收集、分类、科学凝练各种社会权威榜样形象的道德内涵和价值内涵，同时也要研究这些榜样资源的使用对象和合理教育形式，还要研究少年儿童身心发展特点，根据少年儿童社会权威认知发展过程的不同阶段开展教育，逐步实现社会权威榜样教育的整体规划、分步分类实施，实现教育内容科学化、体系化，教育形式多样化，推进社会权威榜样教育有效高效开展。

第六章
少年儿童权威认知的发展对利他行为的影响

根据少年儿童权威认知的发展及其对利他行为影响研究提出针对学校、家庭的教育建议以及少年儿童自我发展的建议。

第一节　少年儿童权威认知对利他行为的影响

少年儿童权威认知是指少年儿童在道德发展的不同阶段对于各种社会关系的认知（安秋玲，陈国鹏，2003），或者说是少年儿童对不同类型权威关系及其权威特征的认知。可以将少年儿童权威认知分为外显权威认知和内隐权威认知两种类型，其中外显权威认知表现为儿童权威命令的服从水平，以及选择是否服从命令时表现出的认知水平。内隐权威认知是指少年儿童在无意识的情况下表现出的对权威的服从情况。

一、少年儿童权威认知与利他行为

皮亚杰最先研究了儿童权威认知的发展过程，他认为儿童权威认知一般要经历对权威的无条件服从阶段，到对内在观念和环境条件进行反复斟酌的权衡阶段，最后发展到认为权威和其他个体都是平等竞争关系的公平阶段。学者在研究权威认知发展的时候通常采用道德两难故事法，也就是设计儿童所熟悉的生活环境，围绕父母、教师、社会权威的命令、实施权力的依据、社会责任等提出一系列的问题，最后根据被试的反应推断儿童权威认知的发展水平。国内外学者围绕少年儿童权威认知特点进行了大量研究。如：李伯黍（1983）研究发现年幼儿童无法辨识出权威和公平观念，直到9岁以后才开始表现出公平观念的优势。张卫（1996）研究了5~13岁少年儿童权威认知发展的特征，发现少年儿童经历了由无法分辨权威与公平的无条件服从阶段，到能够权衡个人利益和权威要求关系的公正阶段，最后再发展到关注自我权利和自我意识的公道阶段，13岁可能是一个时间节点，对社会责任和成人身份的认识会出现一定的反转。安秋玲等（2003）对7~17岁少年儿童权威认知发展特点进行研究后发现儿童权威认知的发展实际上应该分为4个阶段，分别是外部信息定向阶段、工具价值定向阶段、个人自我意识定向阶段和协调阶段；并且认为在工具价值定向到个人自我意识定向阶段之间应该有一个较长时间的过渡阶段。

利他行为通常是指对他人有益或对社会有积极影响的行为，包括分享、助人、合作、安慰、捐赠、同情等。利他行为明显以帮助他人为目的，不期望获得物质或精神好处，是一种自愿行为，本人还会付出一定的代价。利他行为本身包含相对复杂的因素，就如任何事情都具有两面性一样，发生利他行为的人不仅有利他的一面，也可能有利己的一面。Hoffman（1982）提出了少年儿童利他行为发展的四阶段理论：阶段一，在0~1岁，儿童展示了最初的移情反应，他们开始体验自我中心的忧伤，他们能在别人处于痛苦中时给予一定的安慰；阶段二，1~2岁，儿童开始能够给处于痛苦中的人伸出援助之手；阶段三，2~3岁，儿童开始意识到他人的情感，并能意识到他人的情感与自己是不同的；阶段四，3~10岁，能够较好地理解别人的感受，能够对别人的不幸做出明显的反应。儿童利他行为的发展要受到多种认知因素的作用，如道德判断能力、原因分析能力、角色扮演能力等。有关研究发现，认知判断水平较高者，其利他行为也多些，如 J. P.Rubin（1982）给儿童 6 个两难故事进行道德判断以及两次慷慨行为的机会，结果发现道德判断水平和分享行为存在明显相关关系。B. Underwood（1982）对 16 项有关研究的综述表明：角色扮演能力较强的儿童，亲社会倾向也较高；角色扮演技能与分享行为的联系随年龄增长越来越密切；移情因素是影响利他行为的另一个重要变量。移情是对另一个人情绪状态的理解而产生的与此相一致的感情状态。移情在外部刺激与个体社会行为之间建立了某种联系，使分享行为表现出来成为可能。Fabes（1984）认为移情对社会行为的影响遵循"移情—同情—利他行为"模式，积极的移情是产生同情心的基础，而同情又是对他人实施帮助表现亲社会行为的重要条件，因此富有同情心的人更容易表现出分享行为。一般来说，年幼儿童的移情与分享行为的关系较小，随着年龄的增长两者的相关性逐步增加。出现这种年龄趋势的原因可能是年幼儿童自我中心趋势过强，缺乏角色扮演能力和社会信息加工技能，因而不能充分地理解和体会他人的苦恼。

二、少年儿童权威认知对利他行为的影响

（一）少年儿童权威认知影响利他行为的一般趋势

早期的研究就已经证明了少年儿童权威认知对其利他行为产生的影响。Hoffman（1982）认为社会认知能力中的观点采择能力也就是对各类权威理解能力的提高，对于儿童自我意识的发展，区分自己和别人的痛苦，能较准确地理解别人情感反应是至关重要的一环，也就是说儿童认知能力的提高也就是对权威认知水平的提高，可以促进儿童移情能力的发展，促使儿童产生更多的利他行为。Staub（1971）让儿童扮演助人者和被助者的角色，希望通过这种方式来提高儿童的观点采择能力和对人理解能力，结果发现儿童的利他行为有了明显的提高。

我们在研究中发现少年儿童权威认知水平对其利他行为有明显影响，权威认知水平越高的少年儿童越倾向表现更多的利他行为。少年儿童权威认知是其社会认知的组成部分，也是儿童道德推理的组成部分，在同一环境下的儿童的社会认知水平具有一致性。社会认知能力越强越能够理解他人的不幸和忧伤，当然也更能够对需要帮助的人或处于困境中的人提供帮助。少年儿童的权威认知水平呈现出总体上升的发展趋势，小学高年级阶段的儿童权威认知达到了一个较高的水平，其观点采择能力和逻辑思维能力也快速发展，能够考虑权威的影响和自身的个人权限。从道德认知发展阶段来看，小学高段学生逐渐进入自律阶段，在对行为结果做出判断时既要看事情的结果还要看他人动机，在考虑自身权利和发展需要基础上，去考虑权威命令的合理性和当事人的处境，将满足他人需要作为自己行动方向也就在情理之中了。

（二）少年儿童权威认知领域对利他行为的影响

儿童的利他行为要受到社会规范的影响，影响儿童利他行为的社会规范主要包括社会责任规范、相互影响规范和收益获取规范。其中，社会责任规范就是由社会权威人物包括父母、教师、同伴等重要他人传授的帮助他人、让他人或社会获得利益的规范。相互影响规范主要是指如何去回报那些曾经帮助过他人的规范，就是说别人帮助了我们，我们也应该去帮助别人。Fishbein（1985）的研究表明儿童更愿意去帮助那些曾经帮助过自己的人。收益获取规范是指因为别人遭到不幸而提供帮助，而不是去帮助那些因为懒惰和失误造成不幸的人。Long 和 Lerner（1974）研究发现如果儿童在实验中获得较多的报酬，他们更愿意把自己的报酬分给那些在实验中没有获得报酬的人，因为其他同学也努力了但没有获得报酬。利他行为反映了人的道德品质，其与遵从权威有密不可分的关系（皮亚杰，1984）。许多研究也发现了道德推理与利他行为的关系，如

Krebshe Van Hesteren（1984）研究认为处于高级阶段道德推理的孩子相对低级阶段道德推理的孩子更容易产生利他行为。这主要是因为深入的道德推理让孩子理解了社会责任感的真实含义，并对别人的不幸抱有更明显的社会敏感性，而儿童的道德推理能力会随着年龄的增长而增长，并逐渐变得更为成熟和内化。国内学者也研究了儿童的道德推理与利他行为的关系，其中杨萍（2001）研究了不同类型的权威对少年儿童利他行为的影响，采用两难故事法通过不同类型权威给儿童发出不同的指令。这些指令有的是合理指令，有些是相反指令（不合理指令），希望影响儿童的行为取向，结果发现不同的权威指令类型对儿童做出合理判断和利他行为表现有明显影响。权威认知水平较高的儿童不仅意味着较高的社会认知水平，也意味着儿童处于较高的道德发展水平上，因此儿童权威认知水平的高低会对儿童的利他行为产生明显影响。

（三）少年儿童权威认知中的移情对其利他行为的影响

对权威情感做出的情感反映也在一定程度上影响少年儿童做出利他行为。如果少年儿童能够做出与权威相一致的情感反应就可以表明其产生了移情反应。有效的移情是对他人产生同情心的基础，通过同情心对身处不幸和困境中的人产生利他行为，其中移情充当着维系积极社会关系并表现利他行为的社会动机作用。当看到别人处于困境中时，旁人一般会产生两种反应：一种是利己反应，在利己心理作用小时，他会产生焦虑痛苦的情绪，为了摆脱这种情绪可能会选择逃避，也就是事不关己高高挂起，也可能选择做出利他行为帮助他人，无论如何都是为了减轻自己的负面情绪而做出的反应；另一种情况就是利他倾向，看到别人不幸处境积极做出利他行为，减轻别人的痛苦。关于移情的社会化研究已经表明，教师、父母等权威人物会影响少年儿童移情能力的发展，权威人物是高移情的，少年儿童也可能产生高水平的移情。相反那些生长在母亲受虐待或父亲、其他家庭人物受虐待家庭的孩子都有可能出现较低的移情水平。现实生活中，每个人都会面临大量的看到别人处于困境的情况，包括身体上的困境、家庭困境和个人心理困境。面对这些情况，个体是否做出利他行为反应，取决于个体是否体验到了别人的苦恼情绪，并做出相似情绪反应的能力。我国心理学家采用移情训练法增加儿童的利他行为（张其龙，1990），研究表明移情训练对增加儿童的分享、安慰、助人、仗义、保护等行为有显著的效果，能显著增加儿童的利他行为。

（四）少年儿童权威类型对利他行为的影响

1. 父母权威认知

父母权威对少年儿童亲社会行为的影响主要通过与其的社会交往、亲密的情感联系、教育要求等途径发生作用。少年儿童最初的利他行为反应，包括分享、助人、谦让、友爱、尊重、关怀等都是在父母的教导要求下表现出来和发展起来的。亲子之间不同的亲密关系会对孩子的社会行为产生不同的影响。一般来说，安全的、依靠的、温暖的亲子关系会让儿童更有同情心，可能引导被试产生更多的利他行为，相反冷淡的、疏远的、不安全的亲子关系往往会诱发攻击性行为。麦金南·凯维斯（1992）认为问题家庭通常从两个方面来影响少年儿童的社会行为：一是强迫。亲子相互强迫对方停止可恶行为。但强迫常常造成亲子之间的对立，不仅不能停止这些令人厌恶的行为，还会造成孩子将这些行为转移到家庭之外，对其他社会交往也采取同样的方式。二是不良监督。父母通常采取不信任的方式，包括跟踪、限制交友与户外活动等。这种不信任会导致儿童对相互分歧更倾向进行敌意解释，还会转移到家庭之外的社会关系中，进而对其他成人也产生不信任感。

在少年儿童利他行为发展过程中，父母的家庭教养方式也是重要变量。家庭教养方式可以分为教导方式和养育方式。教导方式就是家长告诉孩子应该承担什么义务、传递社会规则的知识。父母可以采取强制、爱地收回和引导要求等教育方式。其中，强制性方式下，即使让孩子做出了利他行为反应，也可能是在父母的强权下被迫做出的，不一定是孩子真实意愿的表示。一旦他们发现自己不受父母监督时，就有可能做出完全不同的反应。爱的收回会产生与强制相似的效果，而且更可能造成孩子的自卑心理。引导要求是父母通过说理、给儿童提供选项让儿童通过自己的判断做出是否表现利他行为的决定，能让儿童感到受到尊重、被期望，容易产生社会责任感，从而表现出更多的利他行为。养育方式主要包括父母对孩子的信息输出和接受，通过信息输出给孩子提出希望和要求，通过信息接受接纳孩子的想法。如果父母对孩子表现出淡漠和权威，既不倾听孩子的声音也很少顾及孩子的想法，孩子当然也会很少考虑别人的不幸和痛苦；相反父母对孩子表现出热情和接纳，孩子容易感到自己存在的价值，善于与人合作，也会表现出更多的利他行为。

2. 同伴权威认知

随着年龄的增长和社会经验的增加，同伴开始逐渐取代家庭在儿童社会发展过程中产生重要作用。因为同伴是少年儿童自愿选择的，有自己的全套价值标准，很少带有强制性，反映儿童社会交往状况和社会能力水平，因而同伴容易成为其学习社会行为的强化变量。在少年儿童与同伴交往的过程中，为了博得同伴的好感和积极反应，可能会尝试做出各种利他行为反应，因此是否能得到同伴的积极回应，是影响少年儿童表现利他行为的关键因素。在日常生活中我们会看到，当一个儿童对另一个儿童做出攻击性行为，如果另一个孩子以哭泣、退缩进行回应，这个儿童还会对其他孩子做出同样的行为。也就是，消极反应可能会强化被试的攻击行为，而积极反应可能会抑制被试的攻击性倾向。虽然没有证据证明少年儿童的利他行为是因为受到来自同伴的正强化，但同伴的反应确实会产生重要影响。少年儿童的利他行为如果得到了同伴的积极反应，不仅会产生自我价值的幸福感，还会因此受到父母、老师的表扬和奖励。同伴反应实际上起到一种反馈的作用，并可据此对其他行为进行调整。

同伴的行为也会影响少年儿童做出利他行为。少年儿童的行为结构没有固定下来，同伴行为可以提供可参照的行为模式并可能将其纳入自己的行为经验之中，成为自己行为表现的组成部分。少年儿童的行为学习是自发的、主动的，基于共同的环境、共同的价值取向，较少受到群体的压力。有观察表明，少年儿童如果与成熟或慷慨的孩子在一起，他们会表现出相似的行为，在面对其他对象的时候也容易变得更加大方，同伴积极行为与少年儿童利他行为正相关，而不良行为与孩子消极社会行为之间也正相关。

同伴关系主要是指与同龄伙伴之间建立的伙伴关系，是一种共同活动、相互协作的关系。同伴关系是互惠的、平等的，但同伴关系的影响大小取决于孩子在同伴中的地位、同伴本身的素养、相互信任的程度。一般来说，儿童在同伴群体中的地位越高、同伴的素养越高、同伴之间相互信任程度越高，如果自己的积极行为获得了同伴的肯定和接纳，会更加积极、更多地表现这种积极社会行为，因此同伴关系好坏实际体现了一种亲社会倾向，儿童是能够通过好的同伴关系获得帮助的。好的同伴关系也显示了较好的同伴信任与人际信任，同伴关系良好表明人际信任度高，少年儿童会表现出更多的利他行为倾向；不良的同伴关系人际信任度低，同伴之间冷漠、不信任甚至无情，这更可能会促使儿童形成孤僻、自私的个性特征或攻击性行为方式。

3. 教师权威认知

教师权威可能会表现在课堂教学行为和日常生活行为中。教师在课堂教学行为中是否做好榜样示范，是否鼓励合作与分享，常常会影响少年儿童的利他行为表现。教师在教学过程中创立了民主平等、和谐友好的课堂气氛，教导儿童一些利他行为观念，并体验合作解决问题时的成功和快乐，学会分享这种快乐，对发展学生的利他行为显然是有利的。教师对学生做出榜样示范同样很重要，教师是富有同情心的、关心和维护学生利益的、乐于助人的，就容易获得学生的信任和支持，学生会积极模仿教师的亲社会行为。相反，教师对学生漠不关心，只关注自己的前程、个人利益，甚至在学生困难时表现冷漠、歧视、厌恶和攻击等，则会增加学生的冷漠、攻击等反社会行为。

师生关系也在一定程度上影响少年儿童利他行为的发展。良好的师生关系，教师尊重学生人格、尊重学生自尊心和进取心，师生关系民主平等、和谐友好，学生从中能有较好的发展空间，孩子也能从这种师生关系中获得宝贵的人生体验，形成对教师的信任、对社会的信任，会表现出良好的社会适应能力和更多的利他行为；不良的师生关系甚至是恶化的师生关系，师生之间的矛盾冲突不断，相互漠不关心，或者人为建立师生小团体，不公正地对待另一些学生，会增加学生的挫折情感体验，这个时候即使教师给予学生的教育要求是正确的，学生也可能会拒绝甚至抵触，严重影响学生移情能力、社会适应能力的发展，进而抑制学生的利他行为的发生和发展。

第二节　针对少年儿童权威认知发展影响利他行为的教育建议

少年儿童社会权威认知对利他行为的发生和发展具有重要影响，少年儿童权威认知发展影响其利他行为发展的过程实际上是逐渐学习并内化各种社会规范，学会处理人际关系，从而获得社会适应性发展的过程。少年儿童社会化过程就是从一个自然人成长为一个社会人，逐渐形成社会人的个性，适应社会生活，表现出良好的社会适应能力。

一、少年儿童权威认知发展影响利他行为的家庭教育建议

当一个新的生命来到这个世界上，他首先接触到的是家庭和父母，通过家庭这个环境，儿童逐渐熟悉并内化各类社会规范，包括生活技能和传统习俗，解决人生发展过程中的很多冲突，确定人生的发展方向，可以说家庭、父母为少年儿童提供了最重要和最具影响力的因素。家庭教育在少年儿童权威认知发展过程中的作用主要体现为家庭教育有助于儿童习得社会生活的基本行为准则、有助于增进人们相互之间的体谅和照顾、有助于培养儿童与人沟通交往的能力、有助于培养孩子合适的角色行为意识。针对少年儿童权威认知发展特点做好家庭教育需要做到以下几点：

（一）创造温馨、和谐、民主的家庭氛围

家长为少年儿童创造一个温暖、关怀的家庭氛围对培养儿童的安全感、促进个性健康发展非常重要。一个新生命来到这个世界上那一刻起，就开始了与父母的交往。在相对温馨、和谐的家庭氛围下，儿童会感到这个环境是安全的、可依靠的，当然容易与这个环境的主体——父母建立亲密依恋的亲子关系。早期经验和自我意识与成长过程、学习工作成就

有紧密关系。如果一个人在幼年时得到了无微不至的关怀、爱护，建立起了亲子之间正常的依恋关系，在面对其他社会关系的时候，也能够模仿父母的待人接物方式，关心、爱护别人，与其他人建立良好的社会关系。建立温馨良好的家庭关系，要求父母尊重孩子人格、尊重他们的意愿和想法，保护孩子不受任何伤害，在重要事项上特别是与孩子个人利益密切相关的事项上，能够与孩子在平等、民主的状态下协商，让孩子从父母处感受到自我存在的价值、感到被理解和接纳。有的家长在处理与孩子之间的关系时，喜欢把孩子看作是个人私有财产的组成部分，情绪化地、以自我为中心地处理孩子的个人事项，不理解孩子的想法、不愿意听取孩子的声音，不能把孩子看成一个独立的个体，这不利于孩子的社会化发展。

（二）鼓励孩子主动积极地社会交往

通过社会交往，少年儿童可以学会各类社会行为规则、训练与各类人群相处的社会技能、形成独特的个性特点，因此社会交往是个体社会化发展的重要途径。少年儿童的社会交往包括与成年人的交往和与同伴的交往。在与成年人的交往中，少年儿童模仿成人的角色行为、内化成人提出的各类社会准则，养成与成年人一致的为人处世方式和社会行为方式。在与同伴的交往中，通过同伴反应、同伴关系强化对社会行为规则的内化，训练与人平等相处的社会技能，在与人争执中学习处理、协调各类人际关系的能力。这要求父母能够鼓励孩子参加各类社会活动，创造与各类人群特别是同伴之间交往、沟通的机会，引导他们学会与他人建立友谊、结交更多的朋友。这要求父母正确认识封闭式教育的危害性，如果担心孩子接触到不良社会风气，便拒绝孩子参加更多的社会活动，人为剥脱孩子获得友谊、结交朋友的权利，易导致孩子孤独和忧郁，阻碍孩子的社会性发展。

（三）有意识地培养孩子的社会角色行为意识

从孩子来到这个世界上那一刻起，孩子就获得了某种角色，需要表现一定的角色行为、履行一定的角色责任。在家庭里，少年儿童得到父母的保护甚至宠爱，但到了学校他们就得与其他孩子平等相处。少年儿童在不同场合中表现出不合适的行为，就会使他们感受到环境或舆论的压力。在社会交往、与人相处时遇到困难和阻碍时，如果孩子在学校里仍把自己当成一个被宠爱的对象，撒娇淘气、肆意妄为，就会遭到老师、同学的指责、挖苦，让自己遭遇挫折。这要求父母要注意孩子角色行为教育，不仅要教导孩子社会行为规范，学会控制自己的行为，还要教导孩子如何履行在不同环境下的角色责任和义务，在不同环境下应该有不同的行为表现，从而促进孩子角色行为意识和自我意识的发展。

（四）创造实践活动条件训练孩子的利他行为

利他行为是一种社会适应性行为，需要经过后天的学习训练才能够形成。我国大部分家庭仍然是独生子女家庭，这种独一无二性让他们容易得到丰富的教育机会、良好的教育条件和过度的物质条件，有可能让他们难以有机会与人谦让、互助、分享和协作。这就要求父母主动创造条件，让孩子在实践活动中去体验与别人分享、合作、互助等利他行为带来的自豪、快乐和幸福感，并为了追求这种幸福感重复表现这种利他行为。如父母主动让孩子一起游戏互帮互助，鼓励孩子与他人分享食物，不鼓励纵容孩子吃独食等。如果父母对孩子过于溺爱，对孩子百依百顺，骄纵孩子行为，不仅无法得到别人的友谊和帮助，还会因出现别人不愿意分享和帮助孩子的情况，而使孩子受到挫折。

二、少年儿童权威认知发展影响利他行为的学校教育建议

培养少年儿童利他行为，促进其社会适应能力发展是学校教育的重

要目标。特别是随着校园暴力等不良现象的增多，对少年儿童利他行为的教育已经成为一个世界问题，引起了世界各国教育工作者的广泛关注。学校可以通过环境建设、班主任工作、德育工作、课程渗透和团体活动等形式对学生的社会行为发展进行具体干预。

（一）创设优美和谐的学校精神和物质环境

这里所指的环境不仅包括物质层面，也包括精神层面；不仅指外在环境，也包括内在环境。优美的物质环境让人愉悦、心旷神怡，使心灵得到净化，情操得到升华。民主平等和谐的精神环境可以让人得到安全和舒适，减轻学习带来的压力和焦虑。当一个人心情愉悦的时候，个体更容易表现出良好的利他行为。当人们心情愉悦的时候，如果获得了意外惊喜，就会明显表现出帮助别人的意愿。除了外在环境，学校内在环境也需要得到净化，这种内环境也叫软环境，较之外在环境对儿童的影响更为深入和持久，并潜移默化地影响儿童的心理和外在行为。内在环境包括教师的人格示范、道德观念和道德行为等，如教师本身都不注重自己的言行，甚至表现出自私自利、思想狭隘、攻击行为等，对学生的消极影响不可低估。在日常生活中，教师可以创设一些利他行为情景，让学生有一种身临其境的感受，在真实情景中去体验助人和被助、分享和被分享、合作等利他行为的积极情绪情感。比如学校班级可以在教室里设置友谊乐园、爱心角等，组织一些相应的游戏或活动，让孩子在参与这些模拟活动中提高社会责任感，学习利他行为技能。

（二）建立民主平等、尊师爱生的良好师生关系

师生关系是学校最重要的关系，对学生利他行为发展有重要影响。教师是师生关系的主导方面，建立良好的师生关系主要是教诲，要理解接纳学生、关心爱护学生、民主平等地对待学生，这就要求教师做到：

树立正确的学生观。教师要认识到学生在人格上与教师完全是平等的，但同时又是不成熟的、处于发展中的个体，他们既希望得到老师的关注，又有一定的独立性和个性特征，这些都需要得到尊重；要有正确的教育责任感和教育态度；对学生必须充满爱心、耐心和责任心。尊重学生的个性化表现，在学生出现一些不符合老师期望的言行时，能够去积极理解其原因，而不是恶意抵制、指责，要对学生抱有强烈期待。

（三）注意矫正学生的不良行为

少年儿童的利他行为与不良行为都是后天习得的，因而是可以改变的。当少年儿童出现一些不适当行为，如退缩、攻击、孤独等行为时，教师可以运用一些行为矫正技术和教育措施，比如可以用一些引起不愉快情绪的刺激物来降低学生不良行为的发生率。这些行为矫正技术包括：①暂停技术。为了抑制某种不良行为，让被试在某一段时间里表现出来的行为都得不到任何强化。具体操作方式包括隔离方式，让被试离开当前表现该行为的情景，来到另一个完全不同的场所；不进行强化方式，让被试的不良行为在一段时间里得不到任何强化或者所有行为都得不到强化。②消退技术，是指在被试表现不良行为后不会再获得任何强化刺激，从而逐渐放弃该行为的过程。比如当儿童拿着抢来的东西炫耀时，家长或老师应不予理睬。③反应代价技术，是指让儿童出现不良行为后失去原来所拥有的部分强化刺激物，从而减少该行为的方式。如对表现攻击行为的被试，可以剥夺他喜欢的一个东西，让被试产生挫折的、不愉快的情绪体验。代价物可以是具体的如课后活动机会等，也可以是想象的、非真实的代替品。当然还有其他一些技术，包括过矫正、橡皮圈技术等。在矫正学生不良行为时，可以根据不同的教育目标任务，对矫正技术防范予以组合，用不同防范进行矫正以取得最佳的效果。但无论运用哪种方法，都需要制订周密的计划，不能盲目进行，也不能急躁冒进，要及时对矫正效果进行评估，效果不佳时要及时进行调整。

（四）要善于利用教师的榜样示范进行教育

社会心理学上的学习实验证明了榜样的示范教育作用，利他行为榜样能够增加学习者的利他行为倾向，而榜样的无动于衷无疑会减少学习者帮助别人的可能性。我们在日常生活中也经常遇到这样的情形，在遇到一个需要帮助的情景时，如果别人不帮我们也不会伸出援手，如果看到别人倾囊相助，人们也会积极参与。但在运用榜样的示范教育方式时，需要注意的是要慎重向少年儿童提供榜样，并且要善于利用恰当的教育方式呈现榜样。一般来说，要展现较好的榜样教育效果，需要选择生动形象、可亲可敬的利他行为榜样。学生身边的榜样非常丰富，包括父母、教师、同伴，也包括大众传播媒体宣传的大众榜样。教师选择的这些榜样，可以是虚拟的榜样，如教师通过讲故事方式呈现的榜样；也可以是现实生活中真实的榜样，包括疫情防控中涌现的先进模范人物、时代楷模中宣传的英雄人物等，如果能够在班级中、学校里选择同伴中的优秀榜样就更具有说服力，教育效果也好。

（五）加强对少年儿童的价值观教育

如果把价值观分为社会型、经济型、政治型、审美型等类型的话，少年儿童利他行为与其社会型价值观有更为紧密的联系。集体主义价值观倾向者更可能为处于困境中的人提供帮助。这提示在少年儿童社会化发展过程中，应该加强价值观教育，帮助其建立积极、正确的价值观念和取向。在价值观教育方法上，可以采用价值观辨析方法。在多元化社会文化的影响下，少年儿童可能面临多种类型的价值观难以取舍、不知所措。价值观辨析就是让儿童在面临多样化的价值观时进行独立的、严肃的分析和思考，充分比较不同价值观的利弊、是否与社会主流价值观相一致，从而形成清晰的、正确的、有社会意义的价值观。

三、少年儿童权威认知发展影响利他行为的社会教育建议

针对少年儿童权威认知影响利他行为的社会教育主要通过树立良好的社会风气来影响人们的观念和行为，促进少年儿童利他行为的发展。少年儿童是发展中的个体，生理、心理和思想发展上都不成熟，容易受到社会不良风气的影响，需要为少年儿童创造优美和谐的社会环境和高尚的道德氛围。

（一）加强公民道德建设，提高公民道德素养

中共中央颁布了《公民道德建设实施纲要》，明确提出要建设中国特色的社会主义道德体系，提出要以"爱国守法、明礼诚信、团结友善、勤俭自强、敬业奉献"为基本道德规范，最终提高全民族的思想道德素养和科学文化素养。党的十八大提出了社会主义核心价值观体系，包括"富强、民主、文明、和谐、自由、平等、公正、法治、爱国、敬业、诚信、友善"，倡导积极培育和践行社会主义核心价值观。其中富强、民主、文明、和谐是国家层面的价值目标，自由、平等、公正、法治是社会层面的价值取向，爱国、敬业、诚信、友善是公民个人层面的价值准则。在倡导社会主义核心价值观、培养少年儿童道德综合素养过程中，可以运用教育、法律、行政和舆论等多种形式或手段，如通过法律和政策措施，引导人们正确的道德观念和道德行为；通过行政管理举措，促进人们养成良好的公民行为习惯；通过强大的社会舆论力量，打击不良社会风气，形成惩恶扬善的社会环境；通过开展社会主义精神文明建设，注重陶冶人们高尚的道德情操。

（二）强化人们的道德意识，规范人们的社会行为

要形成良好的社会风气，每个人都应该行动起来，要强调每个人的社会责任，为建立社会主义和谐社会、优化和净化社会风气贡献自己的一分力量。通过种种方式，倡导符合社会主义核心价值观要求的具有良好道德品质的行为，如捐助、分享、合作、同情等。文明的行为方式、良好的道德素养、高尚的道德情操不仅是个人素养的表现，而且对维护社会公平正义、实现社会文明治理目标，建立良好的人际氛围，促进社会的长治久安有着重要意义。可以组织人们参加一些志愿者服务、社会公益服务活动，形成为他人服务、为社会服务的良好风气。如在疫情防控服务、在冬季奥运会志愿服务等社会公共事件中，社会各界广泛参与，涌现了许多感人的事迹，这对丰富少年儿童社会行为体验，养成积极乐观、健康向上、乐于奉献的社会风尚无疑具有巨大的推动作用。

（三）发挥传统文化优势，树立高尚价值观念

实现社会道德建设需要从社会惩罚和树立社会价值观念两个方面进行。一方面，用法律形式对扬善者予以奖励，对不道德行为进行惩罚，并使遵守法律法规的行为得到维护，违背法律规范的社会行为付出应有代价。另一方面，也要树立时代的社会价值观念。党的十八大提出了社会主义核心价值观，就是我们这个时代需要树立的核心价值观念。这些价值观念不以功利为目标，不以个人利益为衡量标准，具有强大的社会塑造功能。我国传统文化中就强调了"先天下之忧而忧，后天下之乐而乐"，中华民族传统文化倡导尊老爱幼、扶危济困、诚实守信、谦虚礼貌、团结友爱等优秀品质，要求全社会共同努力，在社会主义核心价值观引领下，营造出中华民族共有的美好精神家园。

参考文献

[1] 马克思恩格斯选集：第 3 卷[M]. 北京:人民出版社，1995.

[2] 马克思·韦伯. 经济与社会[M]. 阎克文，译. 上海世纪出版集团，2010（1）.

[3] 亚伯拉·罕马斯洛. 动机与人格[M]. 3 版. 许金声，等，译. 北京：中国人民大学出版社，2012.

[4] 马克思·韦伯. 支配社会学[M]. 康乐，简惠美，译. 桂林：广西师范大学出版社，2004.

[5] 张人杰. 国外教育社会学基本文选[M]. 上海：华东师范大学出版社，1989.

[6] 皮亚杰. 小学生的道德判断[M]. 傅统先，陆有铨，译. 济南：山东教育出版社，1984.

[7] 林崇德. 发展心理学[M]. 3 版. 北京：人民教育出版社，2018.

[8] 亚历山大.科耶夫. 权威的概念[M]. 姜至辉，译. 南京：译林出版社，2011.

[9] 李丹. 儿童亲社会行为的发展[M]. 上海：上海科学普及出版社，2002.

[10] WINDMILLER M, CAMBERT M, TURIEL E. Moral development and socialization[M]. Boston: Ally and Bacon INC, 1980.

[11] WILSON D S, CSIKSZENTMIHALYI. Health and the ecology of altruism[M]. New York: The science of altruism and health，2007.

[12] BENGTSSON H. Children's cognitive appraisal of other's distressful and positive experiences[J]. International Journal of Behavioral Development，2003（27）.

[13] 墨森 P，康杰 J，等. 儿童个性和发展[M]. 缪小春，刘金花，等，译. 上海教育出版社，1990.

[14] DAMON W. The social world of the child[M]. San Francisco: Jossey Bass, 1977.

[15] LAUPA M, TURIEL E, COWAN P. Obedience to authority in children and adults[M]// KILLEN M, HART D. Morality in everyday life: a developmental perspective. Cambridge: Cambridge University Press, 1995.

[16] LAUPA M. Who's in Charge? preschool children's conception of authority[J]. Early Childhood Research Quarterly，1994(9).

[17] EISENBERG N, SHELL R. The relation of prosocial moral judgment and behavior in children: the mediating role of cost[J]. Personality and Social Psychology Buleetin, 1986(12).

[18] LAUPA MARTA. Children's reasoning about three authority attributes: adult status, knowledge, and social position[J]. Developmental Psychology, 1991(2).

[19] 张卫，沈家鲜. 认知发展心理学发展的历史和现状[J]. 华南师范大学学报（社会科学版），1994（1）.

[20] 丁芳,郭勇. 儿童心理理论、移情与亲社会行为的关系[J]. 心理科学，2010，33（3）.

[21] 张卫. 关于小学生对权威认知发展的研究[J]. 心理学动态，1994(2).

[22] 杨萍. 不同权威对小学生亲社会行为影响的实验研究[D]. 重庆：西南师范大学，2001.

[23] 庞丽娟，田瑞清. 小学生社会认知发展的特点[J]. 心理科学，2002（2）.

[24] 安秋玲，刘金花. 小学生对三种权威的行为倾向研究[J]. 心理科学，
2003（1）.

[25] 李伯黍，岑国桢，陈欣银，等. 中国的小学生道德发展研究[J]. 上海
师范大学学报（哲学社会科学版），1987（4）.

[26] 吴秋平. 如何识别与应对初中生课堂沉默现象[J]. 中小学心理健康
教育，2020（32）.

[27] 张卫，王穗军，张霞. 我国小学生对权威特征的认知研究[J]. 心理发
展与教育，1995（3）.

[28] 李莹丽，吴思娜. 模糊道德事件中权威对小学生道德推理影响的研
究[J]. 心理发展与教育，2002（3）.

[29] 吴兰花. 跨文化心理学中个人主义和集体主义研究概述[J]. 湖南第
一师范学报，2003（1）.

[30] 徐琴美，袁庆华. 高、低焦虑小学生对教师权威行为的认知特点初
探[J]. 中国临床心理学杂志，2003（2）.

[31] 安秋玲. 小学生对权威关系的认知发展初步研究[D]. 上海：华东师
范大学，2001.

[32] 章菁菁. 6-8岁小学生权威认知的特点及影响[J]. 中国健康心理学杂
志，2009（9）.

[33] 丛玉燕. 中小学生对教师权威认知的发展研究[J]. 校园心理，2013
（2）.

[34] 平和光，吴义昌. 农村初中生教师权威认知状况调查研究——以江苏
省徐州地区三所农村小学为例[J]. 现代教育科学：普教研究，2015
（1）.

[35] 张凤，高慧贤，雷秀雅. 小学生的教师权威认知与师生关系的关系[J].
中国心理卫生杂志，2016（5）.

[36] 张日晟，李琳琳. 教师权威认知问卷的编制[J]. 心理与行为研究，2003（1）.

[37] 蔡华俭. Greenwald 提出的内隐联想测验介绍[J]. 心理科学进展，2003（3）.

[38] 张伟，丁凤琴. 大学生内隐助人态度的情境效应[J]. 重庆与世界（学术版），2014（4）.

[39] 廖全明. 儿童分享行为发展特点的研究进展[J]. 中国儿童保健杂志，2014（6）.

[40] 马钰，肖晨洁，车敬上，等. 自我损耗降低决策理性：心理机制与边界条件[J]. 心理科学进展，2020（11）.

[41] 巫江丽，李占星，倪晓莉，等. 大学生的共情、道德认同和利他倾向的关联[J]. 中国心理卫生杂志，2020（3）.

[42] 王兴超，杨继平，高玲. 公民道德推脱问卷的中文版修订[J]. 心理与行为研究，2013（6）.

[43] 潘红霞. 大学生道德认同与志愿服务动机的关系研究[J]. 浙江传媒学院学报，2013（5）.

[44] 孙少英. 初中生的内疚诱发情景及内疚心理过程[D]. 上海：华东师范大学，2011.

[45] 范李敏. 小学儿童尴尬情绪理解能力的发展及尴尬情绪对其合作行为的影响[D]. 苏州：苏州大学，2013.

[46] 林俊杰. 小学儿童外显和内隐学校权威认知的发展及外显学校权威认知对其分享行为的影响[D]. 苏州：苏州大学，2015.

[47] 吴国宏，李其维. 小学儿童"互反可逆性"发展的研究[J]. 心理科学，1999（2）.

[48] 武侠，包玉玲，吕欢欢. 儿童共情能力及其发展：回顾与前瞻[J]. 绍兴文理学院学报（教育版），2020（1）.

[49] 张亚利，刘艳丽，陆桂芝. 大学生自我认同感在人际适应性与手机
成瘾倾向间的中介作用[A]//中国心理学会. 第十九届全国心理学学
术会议摘要集. 中国心理学会：中国心理学会，2016.

[50] 安连超,耿艳萌,陈靖涵,等. 大学生共情与亲社会行为的关系[J]. 中
国健康心理学杂志，2017（9）.

[51] 余宏波，刘桂珍. 移情，道德推理，观点采择与亲社会行为关系的
研究进展[J]. 心理发展与教育，2006（1）.

[52] 李幼穗，赵莹. 4～6岁儿童分享行为的特点及培养策略[J]. 学前教育
研究，2008（2）.

[53] 蔺秀云，方晓义，李辉，等. 云南省学生亲社会倾向发展趋势及对
学校适应的预测[J]. 心理发展与教育，2006（4）.

[54] 张帆. 祖辈教养方式、同伴关系对青少年亲社会行为和攻击行为的
影响[D]. 太原：山西大学，2020.

[55] 邓林园,李蓓蕾,武永新,等. 家庭环境对初中生助人行为的影响——
自我效能感和共情的中介作用[J]. 北京师范大学学报（社会科学
版），2018（5）.

[56] 何宁，朱云莉. 自爱与他爱：自恋、共情与内隐利他的关系[J]. 心理
学报，2016（2）.

[57] 孙炳海，苗德露，李伟健，等. 大学生的观点采择与助人行为：群
体关系与共情反应的不同作用[J]. 心理发展与教育，2011（5）.

[58] 黄晓凤. 试论利他行为及其培养[J]. 河北软件职业技术学院学报，
2011（2）.

[59] 崔倩倩. 初中生教师权威认知与自我意识的关系[J]. 中国心理卫生
杂志，2016，（5）.

[60] 迟毓凯. 人格与情境启动对亲社会行为的影响[D]. 上海：华东师范
大学，2005.

[61] 桂西,李维青,宋慧子. 浅谈利他行为的影响因素[J]. 黑河学刊,2012（5）.

[62] 王静静. 利他行为的影响因素及提升策略[J]. 岳阳职业技术学院学报，2016（2）.

[63] 姚美菱，吴蓬勃，张星. 小学生利他行为的影响因素及培养策略[J]. 教学与管理，2019（6）.

[64] 安秋玲,陈国鹏. 不同年龄儿童对权威认知水平的研究[J]. 心理发展与教育，2003（3）.

[65] 李黎，曾拓. 儿童利他行为的研究综述[J]. 绍兴文理学院学报（哲学社会科学版），2001（5）.

[66] 刘敏红. 儿童的权威认知研究综述[J]. 长春教育学院学报，2012(2).

[67] 郑显亮,顾海根. 国外利他行为影响因素的研究综述[J]. 外国中小学教育，2010（9）.

[68] 李德显,杨淑萍. 小学生利他行为发展的时代特征及培育策略[J]. 教育理论与实践，2020（2）.

[69] 刘雅茜，陶明达.国内外利他行为研究现状与趋势[J].心理技术与应用，2019（8）.

[70] 姚美菱，吴蓬勃，张星. 小学生利他行为的影响因素及培养策略[J]. 教学与管理，2019（6）.

[71] 刘步云，静进. 儿童利他行为的影响因素（综述）[J]. 中国心理卫生杂志，2016（8）.

[72] 刘青. 儿童对父母权威认知的研究[J]. 大家健康（学术版），2015（17）.

[73] 温国旗,刘文. 儿童共情发展及其与利他行为的关系[J]. 辽宁教育行政学院学报，2014（3）.

[74] 章菁菁. 6~8 岁儿童权威认知的特点及影响[J]. 中国健康心理学杂志，2009（9）.

[75] 周志荣，刘丽. 儿童利他行为发展研究的新进展[J]. 教育理论与实践，2008（S2）.

[76] 王美萍. 青少年对父母权威的认知及其与父母教养方式的关系[J]. 山东师范大学学报（人文社会科学版），2006（2）.

[77] 王婷，徐琴美. 冲突情景中青少年对父母权威的遵从[J]. 中国临床心理学杂志，2006（1）.

[78] 崔欣伟. 新时代少年儿童榜样教育的现实境遇和改进策略[J]. 人民教育，2021（7）.

[79] 邹晓燕，曲可佳. 儿童权威认知研究述评[J]. 辽宁师范大学学报，2006（3）.

[80] 薛广州. 权威特征和功能的哲学论证[J]. 浙江大学学报（社会科学版），1998（3）.

[81] 章云珠. 研究性学习与教师权威的重构[J]. 广西社会科学，2002（2）.

[82] 梁庚立. 我国政治家社会权威形成研究（1949—2015）[D]. 成都：电子科技大学，2016.

[83] 仇文利，吴远. 马克思主义权威观及其对依法治国的启示[J]. 求实，2015（12）.

[84] 谢嘉幸. 社会权威结构与知识权威[J]. 学术研究，2000（4）.

[85] 李松玉. 社会权威主导形式历史演变的阶段性分析[J]. 理论学刊，2003（2）.

[86] 李雁勇. 中小学生外显与内隐教师权威认知与学业成绩的关系[D]. 石家庄：河北师范大学，2020.

[87] 曲媛媛，罗晴. 初一学生教师权威认知的调查研究[J]. 中国科教创新导刊，2008（30）.

[88] 崔倩倩，张文娟. 初中生教师权威认知与自我意识的关系[J]. 才智，2012（19）.

[89] 秦亚伟. 青少年父母权威认知及其与依恋、自我概念的关系研究[D]. 南京：南京师范大学，2015.

[90] 朱龙凤. "90后"亲子关系及其与父母权威认知的相关研究[D]. 福州：福建师范大学，2012.

[91] 刘青. 儿童对父母权威认知的研究[J]. 大家健康（学术版），2015（17）.

[92] 周彦余. 高中生考试焦虑和父母权威认知的相关研究[D]. 成都：四川师范大学，2008.

[93] 王婷. 青少年期父母权威认知及其对亲子关系影响的机制[D]. 杭州：浙江大学，2006.

[94] 李倩雯. 4-6岁儿童权威概念空间隐喻的研究[D]. 广州：广州大学，2019.

[95] 陈晓云. 儿童权威认知与警察询问研究综述[J]. 福建公安高等专科学校学报，2004（6）.

[96] 陈晓云. 儿童对警察权威认知的研究[J]. 四川警官高等专科学校学报，2004（6）.

[97] 赵晨颖. 论中学生对教师权威的认同与中学教师的权威获得[D]. 上海：华东师范大学，2018.

[98] 李德显，杨淑萍. 小学生利他行为发展的时代特征及培育策略[J].教育理论与实践，2020，40（2）.

[99] 张日昇，李琳琳.《教师权威认知问卷》的编制[J]. 心理与行为研究，2003（4）.

[100] 冯莉. 内蒙古小学高年级亲社会行为问卷编制及自尊关系的研究[D]. 金华：浙江师范大学，2009.

[101] 安秋玲. 儿童对权威关系的认知发展初步研究[D]. 上海：华东师范大学，2001.

[102] 肖含悦. 高中生科学权威认知及其对口头科学论证能力的影响研究[J]. 武汉：华中师范大学，2017.

[103] 刘雅茜. 国内外利他行为研究现状与趋势[J]. 心理技术与应用，2019（8）.

[104] 李淑敏. 动物的利他行为[J]. 生物学教学，2008（10）.

[105] 张文新，美萍，NDREW F. 青少年的自主期望、对父母权威的态度与亲子冲突和亲合[J]. 心理学报，2006（6）.

[106] 朱龙凤. "90后"亲子关系及其与父母权威认知的相关研究[D]. 福州：福建师范大学，2012.

[107] 李伯黍. 儿童道德判断发展研究阶段报告（上）[J]. 山西教育科研通讯，1984（3）.

[108] 吴兰花. 跨文化心理学中个人主义和集体主义研究概述[J]. 湖南第一师范学院学报，2003，3（1）.

[109] 胡元林. 论教师权威[J]. 教育评论，2018（8）.

[110] 沈萍霞. 教师权威的困境与出路探索[J]. 西安：陕西师范大学，2012.

[111] 张凤. 儿童的教师权威认知与师生关系的关系[J]. 中国心理卫生杂志，2006（5）.

[112] 杨建华. 当代中国发展：国家权威与社会权威的融合[J]. 中共浙江省委党校学报，2016（1）.

[113] 陈伟. 重塑社会权威：教育视角的社会建设反思[J]. 华南师范大学学报（社会科学版），2007（3）.

[114] 丛玉燕. 中小学生教师权威认知的发展研究[D]. 太原：山西大学，2005.

[115] 丛玉燕. 中小学生对教师权威认知的发展研究[J]. 校园心理，2013（2）.

[116] 丛玉燕. 儿童权威认知研究综述[J]. 太原师范学院学报（社会科学版），2008（4）.

[117] 解惠本. 青少年内疚、道德认同与亲社会行为的关系研究[D]. 烟台：鲁东大学，2019.

[118] 卢发仙. 短暂控制感剥夺对助人行为的影响[D]. 桂林：广西师范大学，2019.

[119] 倪宇蕾. 解释偏向和感恩情绪对助人行为的影响[D]. 长沙：湖南师范大学，2019.

[120] 平和光，吴义昌. 农村初中生教师权威认知状况调查研究——以江苏省徐州地区三所农村中学为例[J]. 现代教育科学，2015（2）.

[121] 侍晓雨. 重塑教师权威——基于一所普通高中教师权威的研究[D]. 南京：南京师范大学，2020.

[122] 李晋. 父母教养方式对初中生利他行为的影响：人格与共情的中介作用[D]. 临汾：山西师范大学，2016.

[123] 徐学绥，张勇. 广府文化视阈下社会主义核心价值观的培育——以广东肇庆市为例[J]. 肇庆学院学报，2015，36（1）.

[124] 杨萍. 不同权威对小学儿童亲社会行为影响的实验研究[D]. 重庆：西南师范大学，2001.

[125] 孙宏艳. 少年儿童偶像与榜样接纳状况及对榜样教育的启示[J]. 教育科学研究，2012（12）.

[126] 齐学红，王菲，徐小丹，等. 中学生社会交往状况的调查分析[J]. 思想理论教育，2012（11）.

[127] DAMON W. Measurement and social development[J]. The Counseling Psychologist, 1977, 6(4).

[128] LAUPA M, TURIEL E. Children's conceptions of adult and peer authority[J]. Child Development, 1986, 57.

[129] LAUPA M. Children's reasoning about three authority attributes: adult status, knowledge, and social position[J]. Developmental Psychology, 1991, 27(3).

[130] SMETANA J G, ASQUITH P. Adolescents' and parents' conceptions of parental authority and personal autonomy[J]. Child Development, 1994, 65.

[131] FULIGNI A J. Authority, autonomy ,and parent-adolescent conflict and cohesion:a study of adolescents from Mexican, Chinese, Fulipino, and European Backgrounds[J]. Developmental Psychology, 1998(34).

[132] HELWIG C C,ARNOLD M L,TAN D L, et al. Chinese adolescents' reasoning about democratic and authority-based decision making in peer, family, and school contexts[J]. Child Development, 2003, 74(3).

[133] KANG LIYING. Chinese children's changing family and school environments[J]. Journal of Family and Economic Issues, 2003, 24(4).

[134] LAUPA M. Children's reasoning about authority in home and school contexts[J]. Social Development, 1995, 4(1).

[135] TISAK M, CRANE ROSS D, TISAK J. Mothers' and teachers'home and school rules: young children's conceptions of authority in context[J]. Merrill-Palmer Quarterly, 2000, 46(1).

[136] TIRRI K, PUOLIMATKA T. Teacher authority in schools: a case study from Finland[J]. Educ Teach, 2000, 26（2）.

[137] BASON C D. The altruism question: toward a social psychological answer[J]. Hillsdale. N J: Erlbaum, 1991, 11(2).

[138] EISENBERG N , SHELL R .The relation of prosocial moral judgment

and behavior in children: the mediating role of cost[J]. Personality and Social Psychology Buleetin, 1986, 12(1).

[139] HOFFMAN M L. An advanced textbook[J]. Development Psychology, 1988, 12(1).

[140] STAUB E. The use of role playing and induction in children's learning of helping and sharing behavior[J]. Child Development, 1971, 42(2).

[141] KREBS D L, VAN HESTEREN F. The development of altruism: toward an integrative model[J]. Developmental Review, 1994, 14(1).

[142] PRATT M W, SKOE E E, ARNOLD M L. Care reasoning development and family socialization patterns in later adolescence: a longitudinal analysis[J]. International Journal of Behavioral Development, 2004, 28(1).

[143] UNDERWOOD B, MOORE B. Perspective-taking and altruism[J]. Psychological bulletin, 1982, 91(1).

[144] GREITEMEYER TOBIAS, OSSWALD SILVIA, BRAUER MARKUS. Playing prosocial video games increases empathy and decreases schadenfreude[J]. Emotion, 2010, 10(6).

[145] CARLO G, EISENBERG N, KNIGHT G P. An objective measure of adolescents' prosocial moral reasoning[J]. Journal of research on adolescence, 1992, 2(4).

[146] CARLO G, KOLLER S H, EISENBERG N, et al. A cross-national study on the relations among prosocial moral reasoning, gender role orientations, and prosocial behaviors[J]. Developmental Psychology, 1996, 32(2).

[147] CARLO G, RANDALL B A. The development of a measure of prosocial behaviors for late adolescents[J]. Journal of youth and

adolescence, 2002, 31(1).

[148] LAUPA M, TURIEL E .Children's Concept's of Authority and social contexts[J].Journal of Educational Psychology, 1993, 85(1)

[149] TISAK M S.Children's conceptions of parental authority[J]. Child Development, 1986, 57(1).

[150] DIXON S V, GRABER J A, BROOKS-GUNN J. The roles of respect for parental authority and parenting practices in parent-child conflict among African American[J]. Journal of Family Psychology, 2008, 22(1).

[151] TISAK M, CRANE-ROSS D, TISAK J. Mother's and teachers'home and schhool rules: young children's concwptions of authority in context[J]. Merrillpalmer Quarterly, 2000, 46(1).